Popular Smart Tutor Series

FrenchSmart®

tutor

Grade **5**

Credits
Photos (Front Cover "pupil" Dmitriy Shironosov/123RF.com) (Back Cover "girl" Dmitriy Shironosov/123RF.com, "pupil" Cathy Yeulet/123RF.com, "girl" Cathy Yeulet/123RF.com, "boy" Cathy Yeulet/123RF.com, "pupil" Wavebreak Media Ltd/123RF.com, "child" tomwang/123RF.com, "pupil" Wavebreak Media Ltd/123RF.com, "girl" Dmitriy Shironosov/123RF.com, "boy" Dmitriy Shironosov/123RF.com, "girl" Dmitriy Shironosov/123RF.com)

Copyright © 2016 Popular Book Company (Canada) Limited

Printed in China

ISBN: 978-1-77149-181-5

Contents

ISBN: 978-1-77149-181-5

Section III :
La lecture *Reading*

Section IV :
L'écriture *Writing*

ISBN: 978-1-77149-181-5

Section I

La grammaire et les conventions linguistiques

Grammar and Language Conventions

This section teaches students basic French grammar and language conventions. The units begin with nouns and pronouns and end with simple questions. This structure allows students to learn the basic grammar elements and ways to form questions in French.

ISBN: 978-1-77149-181-5

1

Les noms et les pronoms

Nouns and Pronouns

Les noms

Nouns

Nouns name people, places, things, and animals. Nouns are either singular or plural, and in French, they are either masculine or feminine.

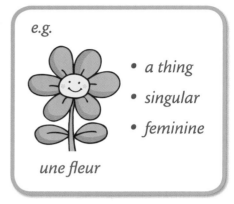

e.g.

- *a thing*
- *singular*
- *feminine*

une fleur

Les pronoms sujets

Subject Pronouns

Subject pronouns are used to replace both proper and common nouns. These are used to refer to subjects (nouns) that have already been mentioned.

In this unit, we will learn the French plural subject pronouns.

Les pronoms sujets pluriels

Plural Subject Pronouns

nous	*we*
vous	*you (formal or plural)*
ils*	*they (males)*
elles	*they (females)*

* "Ils" is used to refer to a subject group of both male and female people, animals, or objects.

Le garçon et la fille courent.

Ils courent.

ISBN: 978-1-77149-181-5

Le genre d'un nom

The Gender of a Noun

To find the gender of a noun:

- *Look up the word in a dictionary.*

- *Keep track of nouns and their genders in your vocabulary list.*

Le nombre d'un nom

The Number of a Noun

To identify a plural noun, look at:

- **The article**

les	the	**des**	some
mes	my	**tes**	your
ses	his/her	**nos**	our
vos	your	**leurs**	their

- **The conjunction** **et** and

- **The suffix** **-s, -x**

  e.g.
  son étudiant his/her student
  *ses étudiant**s*** his/her students

Les noms

- singular or plural
- masculine or feminine

Les pronoms sujets pluriels

nous we

vous you (formal or plural)

ils they or

elles they

To find the gender:
- dictionary
- vocabulary list

To identify a plural noun:
- the article
- the conjunction
- the suffix

e.g.

un taureau
a bull

des taureau**x**
some bulls

A. **Écrivez « m. » si les noms sont masculins et « f. » s'ils sont féminins. Écrivez le pronom sujet « ils » ou « elles » qui convient au sujet.**

Write "m." if the nouns are masculine and "f." if they are feminine. Write the appropriate subject pronoun "ils" or "elles".

Rappelez-vous qu'« ils » représente les groupes avec des noms masculins et féminins.

Remember that "ils" represents groups of both masculine and feminine nouns.

	le genre **m./f.**	les pronoms sujets pluriels **ils/elles**
1. Les **kangourous** sautent.	_____	_____
2. Les **enfants** jouent aux jeux.	_____	_____
3. Les **maisons** sont grandes.	_____	_____
4. Les **blagues** sont drôles.	_____	_____
5. Les **robes** sont très belles.	_____	_____
6. Les **mères** regardent leurs enfants.	_____	_____
7. Les **garçons** mangent de la pizza.	_____	_____

ISBN: 978-1-77149-181-5

B. **Remplissez les tirets avec des pronoms sujets pluriels pour répondre aux questions.**

Fill in the blanks with plural subject pronouns to answer the questions.

pronoms sujets pluriels
ils
elles

1.1

Listen to the audio clip of the questions online.

1.
Est-ce qu'Alexandre et Rosaline jouent au basketball ?

Oui, _____ jouent au basketball.

2.
Est-ce que votre tante et votre cousine viennent ce soir ?

Oui, _____ viennent.

3.
Est-ce que la porte et la fenêtre sont ouvertes ?

Non, _____ ne sont pas ouvertes.

4.
Est-ce que ton père et ton frère font la pêche ?

Non, _____

_____

5.
Est-ce que Jean et son frère aiment le film ?

Oui, _____

_____

ISBN: 978-1-77149-181-5

C. Récrivez les phrases avec les bons pronoms sujets pluriels pour remplacer les sujets.

Rewrite the sentences with the correct plural subject pronouns to replace the subjects.

Utilisez le « Keep in Mind » tableau à la page 7 pour choisir les bons pronoms sujets.

Use the "Keep in Mind" chart on page 7 to choose the correct subject pronouns.

Nous   Vous   Ils   Elles

A Marc et moi allons au cinéma ce soir.

B Tes nièces portent des robes jaunes.

C Sarah et toi êtes heureuses.

D André et Richard jouent au basketball.

E Gisèle et Marco chantent des chansons.

F Ma tante et moi sommes au magasin.

G Ton frère et toi partez en vacances aujourd'hui.

A _____

B _____

C _____

D _____

E _____

F _____

G _____

ISBN: 978-1-77149-181-5

D. Remplissez les tirets avec « nous » ou « vous ».

Fill in the blanks with "nous" or "vous".

D'habitude, les Québécois disent le pronom personnel sujet juste après qu'ils mentionnent le sujet.

Quebecois people typically say the personal subject pronoun right after they mention the subject.

1. : Paulette et moi, _____ allons voir un film ce vendredi. Marc et toi, _____ allez aussi ?

    : Oui, Marc et moi, _____ allons aussi.

2. : À quelle heure Benjamin et toi, _____ allez faire de la natation ?

    : Benjamin et moi, _____ allons faire de la natation à 17h15.

3.
   Mes amis et moi, _____ jouons à cache-cache pendant la récréation. Tes amis et toi, voulez-_____ jouer avec _____ ?

   Non, merci. Mes amis et moi, _____ jouons au soccer aujourd'hui.

ISBN: 978-1-77149-181-5

11

Les adjectifs
Adjectives

Les adjectifs
Adjectives

Adjectives describe nouns. In French, adjectives must agree with the nouns they describe in gender and in number. The suffix of an adjective changes to make this agreement.

When an adjective already ends in "-e", an additional "-e" does not need to be added to make it feminine.

e.g.   *Le jeune garçon est content. (m.s.)*

       *La <u>jeune</u> fille est <u>content**e**</u>. (f.s.)*
         no extra -e   extra -e

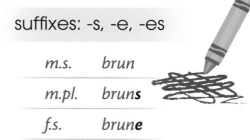

suffixes: -s, -e, -es

m.s.	brun
m.pl.	brun**s**
f.s.	brun**e**
f.pl.	brun**es**

Similarly, when an adjective already ends in "-s", an additional "-s" is not required to make it plural (though an "-e", or "-es" is required to make it feminine singular or feminine plural).

e.g.   *Le joueur a joué un mauvais jeu. (m.s.)*

       *Les joueurs ont joué des <u>mauvais</u> jeu**x**. (m.pl.)*
                    no extra "-s"

       *La nourriture est mauvais**e**. (f.s.)*

       *Les pommes sont mauvais**es**. (f.pl.)*

ISBN: 978-1-77149-181-5

Le placement des adjectifs
The Placement of Adjectives

In French, most adjectives come directly before a noun.

e.g.

before the noun "fille"

La **belle** fille danse.

However, an adjective comes directly after a noun when it

- *indicates that the noun belongs to a particular group or category.*

- *provides information about the noun's colour or shape.*

- *is a past participle used as an adjective.*

e.g.

after the noun "repas"

un repas **réchauffé**

a reheated meal

Les adjectifs

Adjectives must agree with the nouns they describe in gender and in number.

Feminine adjectives
- Add "-e" to the end for most adjectives.
- Adjectives already ending in "-e" or "-s" remain the same.

Le placement de l'adjectif : before the noun except when

- it specifies the group a noun belongs to.
- it describes the noun's colour or shape.
- a past participle acts as an adjective.

La petite poupée a des cheveux blonds et courts.
The little doll has short blond hair.

Jenny a de grands yeux ronds.
Jenny has big round eyes.

ISBN 978-1-77149-181-5

A. Complétez la grille. Ensuite remplissez les tirets avec les bonnes formes des adjectifs masculins ou féminins.

Complete the chart. Then fill in the blanks with the correct forms of the masculine or feminine adjectives.

1. Les adjectifs

	m. s.	m. pl.	f. s.	f. pl.
A	grand			
	noir			
B	petit			
	joli			
C	rouge			
	bleu			
D	fort			
	violet			
E	intelligent			
	vert			

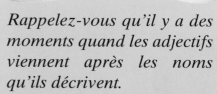

2. **A** Le _____ cheval _____ est magnifique.

B La _____ fille chante une _____ chanson.

C Je joue avec des blocs _____ et _____ .

D Je danse à la musique _____ dans une robe _____ .

E Un professeur _____ porte un chandail _____ .

Rappelez-vous qu'il y a des moments quand les adjectifs viennent après les noms qu'ils décrivent.

Remember that there are instances when adjectives come after the nouns they describe.

ISBN: 978-1-77149-181-5

B. Écrivez « m. » ou « f. » pour montrer le genre de chaque adjectif. Ensuite complétez chaque phrase avec l'adjectif approprié.

Write "m." or "f." to show the gender of each adjective. Then complete each sentence with the appropriate adjective.

> Some adjectives require different suffixes to make a gender agreement. For example, the adjective bon (good) requires an additional "n" as well as an "e" to become feminine: bonne.

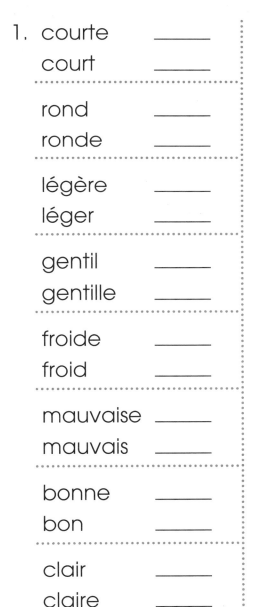

1. courte _____
   court _____

   rond _____
   ronde _____

   légère _____
   léger _____

   gentil _____
   gentille _____

   froide _____
   froid _____

   mauvaise _____
   mauvais _____

   bonne _____
   bon _____

   clair _____
   claire _____

2. J'apporte la boîte _____ .

3. J'adore un ciel _____ .

4. J'aime jouer dans la neige _____ .

5. Le _____ garçon achète une crème glacée pour sa sœur.

6. Je pose une _____ question.

7. Tu as donné une _____ réponse.

8. Nous jouons au soccer avec un ballon _____ .

C. Écrivez les bonnes formes des adjectifs donnés.

Write the correct forms of the given adjectives.

1.   Les filles portent des robes (rose) _____ .

2. Mon ami lit de (bon) _____ livres.

3. J'adore mon chat (orange) _____ .

4. Vous mangez de la soupe (chaud) _____ .

5. J'aime les films (effrayant) _____ .

6. L'arbre a des feuilles (vert) _____ .

7. Je joue avec des enfants (aimable) _____ .

8. Je préfère une jupe (violet) _____ .

9. Nous n'aimons pas ce film (ennuyeux) _____ .

10. Ils sont des garçons (impatient) _____ .

11. C'est un documentaire (intéressant) _____ .

12. Les (petit) _____ filles (content) _____ jouent ensemble.

ISBN: 978-1-77149-181-5

D. **Indiquez le genre et le nombre de l'adjectif dans chaque locution. Ensuite donnez la raison pour laquelle l'adjectif se trouve avant ou après le nom. Écrivez la lettre.**

Indicate the gender and the number of the adjective in each phrase. Then give the reason why the adjective comes before or after the noun. Write the letter.

> **A** Parce qu'il s'agit d'un adjectif commun.
>
> **B** Parce que l'adjectif indique une catégorie.
>
> **C** Parce que l'adjectif indique un groupe particulier.
>
> **D** Parce que l'adjectif est un participe passé.
>
> **E** Parce que l'adjectif indique la couleur ou la forme.

	gender m./f.	number s./pl.	reason
1. un petit jouet	_____	_____	_____
2. un tigre orange et noir	_____	_____	_____
3. les peuples Franco-Ontariens	_____	_____	_____
4. des meilleurs amis	_____	_____	_____
5. un animal chassé	_____	_____	_____
6. la table ronde	_____	_____	_____
7. la belle fille	_____	_____	_____

Les verbes

Verbs

Les verbes

Verbs

A verb is either a predicate or an action word. The two most basic and commonly used verbs are "être" (to be) and "avoir" (to have). In Grade 4, we learned how to conjugate these two verbs with singular nouns and subject pronouns. Now, we will learn how to conjugate them with plural nouns and subject pronouns.

Être au présent		
nous	we	**sommes**
vous	you	**êtes**
ils	they	**sont**
elles	they	**sont**

e.g. *Vous êtes à l'école.*
   You are at school.

Avoir au présent		
nous	we	**avons**
vous	you	**avez**
ils	they	**ont**
elles	they	**ont**

e.g. *Nous avons des livres.*
   We have some books.

Les verbes en « -er »

"-Er" Verbs

	Danser au présent	Parler au présent
nous	dans**ons**	parl**ons**
vous	dans**ez**	parl**ez**
ils	dans**ent**	parl**ent**
elles	dans**ent**	parl**ent**

Essayez une phrase avec un verbe en « -er ».
Try a sentence with an -er verb in it.

Nous parlons ensemble.
We speak together.

ISBN: 978-1-77149-181-5

Les expressions courantes
Common Expressions

Some words that are adjectives in English are nouns in French. This means that the verb "avoir" must precede them instead of the verb "être".

e.g.

Faim   Hunger

J'ai faim.
Tu as faim.
Il a faim.
Elle a faim.
Nous avons faim.
Vous avez faim.
Ils ont faim.
Elles ont faim.

Âge   Age

J'ai 10 ans.
Tu as 10 ans.
Il a 10 ans.
Elle a 10 ans.
Nous avons 10 ans.
Vous avez 10 ans.
Ils ont 10 ans.
Elles ont 10 ans.

Les verbes

A verb is either a predicate or an action word.

"Être" / "Avoir" au présent with singular/plural subject pronouns

	Être	Avoir
je	suis	j'ai
tu	es	as
il	est	a
elle	est	a
nous	sommes	avons
vous	êtes	avez
ils	sont	ont
elles	sont	ont

J'ai 10 ans.
I'm 10 years old.

 ISBN: 978-1-77149-181-5

A. Conjuguez le verbe « être » dans chaque phrase.

Conjugate the verb "être" in each sentence.

A Les livres que je lis _____ très bons. Ils _____ des histoires mystérieuses.

B Mon équipe et moi, nous _____ les gagnants. Nous _____ contents.

C Mon ami Richard et moi _____ au parc aujourd'hui. Nous regardons les oiseaux. Ils _____ des couleurs vives.

D Les fleurs _____ très jolies. Elles _____ violettes et vertes.

E Katie et toi _____ très gentilles. Vous _____ mes meilleures amies.

ISBN: 978-1-77149-181-5

B. **Écrivez la lettre qui correspond à l'expression avec « avoir ».**

Write the letter that corresponds to the expression with "avoir".

N'oubliez pas qu'il y a des adjectifs en anglais qui ne sont pas des adjectifs en français.

Don't forget that there are adjectives in English that are not adjectives in French.

Les expressions

1. Vous avez 12 ans. ◯

2. Tu as peur. ◯

3. Il a froid. ◯

4. Elles ont faim. ◯

5. Ils ont soif. ◯

6. Elle a sommeil. ◯

7. J'ai mal à la tête. ◯

8. Nous avons chaud. ◯

9. J'ai mal à l'estomac. ◯

10. Vous avez besoin d'aller aux toilettes. ◯

Les traductions

A I have a stomach ache.

B They are thirsty.

C You are all 12 years old.

D I have a headache.

E You are scared.

F We are hot.

G She is sleepy.

H They are hungry.

I He is cold.

J You all have to go to the bathroom.

ISBN: 978-1-77149-181-5

C. **Remplissez les tirets avec les bonnes conjugaisons du verbe « avoir » ou « être ».**

Fill in the blanks with the correct conjugations of the verb "avoir" or "être".

Remember that subject pronouns replace common and proper nouns. Verbs conjugate the same with common and proper nouns as with subject pronouns.

e.g.   **Marco et moi sommes contents.**
         Nous sommes contents.

avoir

1. Sarah et toi _____ mal aux yeux parce que le soleil est trop brillant.

2. Les souris _____ l'occasion de manger du fromage pendant la nuit.

3. Mes amis et moi _____ l'habitude d'aller au musée chaque année.

4. Ma famille et moi _____ hâte de partir en vacances.

être

5. Vos nièces _____ très fatiguées après avoir fait du vélo.

6. Marc et toi _____ très intelligents.

7. Clarisse et Alice _____ très enthousiastes d'aller au parc demain.

8. Ma mère et moi _____ au magasin pour acheter de la nourriture.

ISBN: 978-1-77149-181-5

D. Remplissez les tirets avec les bonnes conjugaisons des verbes en -er pour compléter le texte.

Fill in the blanks with the correct conjugations of the -er verbs to complete the text.

Les verbes :

aimer to love	demander to ask
penser to think	répliquer to reply
gagner to win	défier to challenge
jouer to play	marquer to score
posséder to have	

Aimer au présent

nous _____

vous _____

ils _____

elles _____

Le jeu de basketball

Salut ! Je m'appelle Claire. Mes amis et moi, nous _____ jouer au basketball. À l'école, il y a une équipe de filles et une équipe de garçons.

Un jour, les filles _____ aux garçons, « Est-ce que vous _____ que vous êtes meilleurs que nous ? » Ils _____ que les joueurs qui _____ un jeu de basketball sont les meilleurs ou les meilleures de l'école.

Ils nous _____ ! Alors, nous _____ au basketball et nous _____ 80 points ! Les garçons ne _____ que 60 points en fin de compte. Les filles peuvent aussi être les meilleures de l'école !

ISBN: 978-1-77149-181-5

Les verbes à l'infinitif présent

Verbs in the Direct Infinitive

Verbs in the direct infinitive are in their unconjugated form. In English, these verbs are preceded by the word "to" (e.g. to walk, to speak, to listen, etc.). In French, an infinite verb is a word ending in "-er", "-ir", or "-re".

e.g. **parler** to speak/talk

 finir to finish

 vendre to sell

Je dois parler à Amy.

We can use French infinitive verbs in several ways. We will learn two of these ways in this unit.

Way 1 : After conjugated modal verbs

A modal verb modifies the infinitive verb that follows it.

e.g.	**pouvoir** to be able to	**devoir** to have to	**vouloir** to want to
je	peux	dois	veux
tu	peux	dois	veux
il/elle	peut	doit	veut
nous	pouvons	devons	voulons
vous	pouvez	devez	voulez
ils/elles	peuvent	doivent	veulent

Modal verbs are followed by direct infinitive verbs.

e.g. *Nous pouvons voler un avion.*
We can fly a plane.

ISBN: 978-1-77149-181-5

Keep in Mind

Way 2 : *After verbs of preference*

A verb of preference indicates the degree to which the subject prefers doing the action (verb) that follows it.

e.g.	**adorer** to adore	**préférer** to prefer
	j'adore	je préfère
tu	adores	préfères
il/elle	adore	préfère
nous	adorons	préférons
vous	adorez	préférez
ils/elles	adorent	préfèrent

Other verbs of preference:

- *aimer*   to like
- *désirer*   to desire
- *détester*   to hate

Les verbes à l'infinitif présent

These are verbs in their unconjugated form, ending in "-er", "-ir", or "-re".
e.g.   parl**er**, fin**ir**, vend**re**

Infinitive verbs can be used after:

1. conjugated modal verbs.
   e.g. Je veux chanter.

2. conjugated verbs of preference.
   e.g. Je désire aller au parc.

> J'adore danser. Tu détestes danser.
> *I love to dance. You hate to dance.*

> J'aime apprendre le français !
> *I like to learn French!*

 ISBN: 978-1-77149-181-5

A. Choisissez les bons verbes à l'infinitif pour montrer ce que les enfants peuvent faire.

Choose the correct infinitive verbs to show
what the children can do.

Rappelez-vous de ne pas conjuguer le deuxième verbe. Laissez-le à l'infinitif présent.

Remember not to conjugate the second verb. Leave it in the direct infinitive.

Les verbes à l'infinitif

manger	courir	aider
cuisiner	finir	apprendre
parler	choisir	perdre

1. Nous pouvons _____ nos devoirs.

2. Elles peuvent _____ des nouilles.

3. Vous pouvez _____ le film ce soir.

4. Vous pouvez _____ le jeu.

5. Vous pouvez _____ du pain.

6. Ils peuvent _____ au téléphone.

7. Elles peuvent _____ très vite.

8. Nous pouvons _____ les autres enfants.

9. Ils peuvent _____ le français rapidement.

ISBN: 978-1-77149-181-5

B. Écrivez le verbe à l'infinitif qui convient pour dire ce qu'il faut faire.

Write the appropriate infinitive verb to say what needs to be done.

1. Je ne peux pas venir à ta fête parce que je dois _____ mes devoirs.

1. faire
   manger
   courir

2. Vous devez _____ des manteaux d'hiver parce qu'il fait froid.

2. dessiner
   nettoyer
   porter

3. Ils ne peuvent pas aller parce qu'ils doivent _____ leurs chambres.

3. regarder
   organiser
   boire

4. Tu ne peux pas marcher maintenant. Tu dois _____ à l'hôpital.

4. perdre
   sortir
   rester

5. Nous devons _____ nos légumes avant nos desserts.

5. organiser
   manger
   parler

6.  Elle doit _____ la permission à sa mère.

6. demander
   jouer
   porter

 ISBN: 978-1-77149-181-5

C. **Reliez les enfants avec les activités qu'ils veulent faire. Remplissez les tirets avec leurs noms.**

Match the children with the activities they want to do. Fill in the blanks with their names.

> Quand il y a deux enfants, écrivez « et » (and) entre leurs noms.
>
> When there are two children, write "et" (and) between their names.

1. _____ veulent faire du ski.

2. _____ veulent faire une bataille de boules de neige.

3. _____ veut faire des anges à la neige.

4. _____ veut faire du toboggan.

5. _____ veut faire un bonhomme de neige.

6. _____ veut décorer le sapin de Noël.

ISBN: 978-1-77149-181-5

D. **Écrivez le verbe à l'infinitif le plus approprié sur chaque ligne.**

Write the most appropriate infinitive verb on each line.

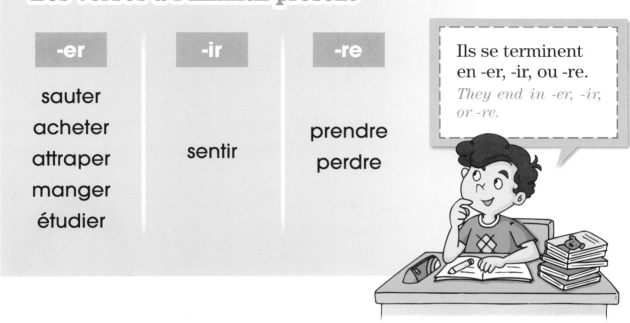

Les verbes à l'infinitif présent

-er	-ir	-re
sauter	sentir	prendre
acheter		perdre
attraper		
manger		
étudier		

Ils se terminent en -er, -ir, ou -re.
They end in -er, -ir, or -re.

1. Il ne préfère pas _____ des papillons.

2. Tu détestes _____ tes clés.

3. Elles aiment _____ de nouveaux vêtements chaque saison.

4. Nous aimons _____ dans des flaques d'eau.

5. Elle aime _____ du maïs soufflé pendant un film.

6. J'adore _____ des photos pendant mes voyages.

7. Vous désirez _____ les fleurs dans vos jardins.

8. Ils n'aiment pas _____ pour leurs examens.

ISBN: 978-1-77149-181-5

La négation
Negation

La négation
Negation

Negation is when an affirmative sentence (yes) is turned into a negative sentence (no). In English, a sentence is negated by inserting one negative word into the sentence, such as "not" and "don't". In French, negation is accomplished by putting two negative adverbs, "ne" and "pas", around the conjugated verb.

In a negative sentence with a direct object directly after the verb without a preposition (e.g. à), the article becomes "de".

e.g. *Elle aime manger des biscuits.*
   She likes to eat cookies.

   *Elle **n'**aime **pas** manger **de** biscuits.*
   She does not like to eat cookies.

> In the example, "des biscuits" is the **direct object** that comes directly after the verb without a preposition, so the "des" becomes "de".

In a negative sentence with a direct object starting with a vowel or silent h, "de" is written "d' ".

e.g. *Elle mange **des** œufs.*
   She eats eggs.

   *Elle **ne** mange **pas d'**œufs.*
   She does not eat any eggs.

ISBN: 978-1-77149-161-5

La négation avec le verbe « aimer »

Negation with the verb "to love"

Negation involving the verb "aimer" does not follow the rule of changing the article to "de". Instead, the direct object after this verb is preceded by a definite article.

e.g. *J'aime la musique.*
I like music.

Je n'aime pas la musique.
I do not like music.

The word "pas" can be replaced with other negative words to suit certain sentences.

ne + **jamais**	*never*
ne + **rien**	*nothing*
ne + **personne**	*nobody*
ne + **plus**	*not anymore*
ne + **pas encore**	*not yet*

La négation

Negation is turning an affirmative sentence into a negative sentence with the words "ne + pas".

e.g. J'aime manger **des** fruits.

Je **n'**aime **pas** manger **de** fruits.

"Des" becomes "de" or "d'" in a negative sentence .

Other forms of negation:

ne + jamais   = never
ne + rien   = nothing
ne + personne   = nobody
ne + plus   = not anymore

ne + pas encore = not yet

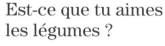

Est-ce que tu aimes les légumes ?
Do you like vegetables?

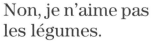

Non, je n'aime pas les légumes.
No, I do not like vegetables.

ISBN: 978-1-77149-181-5

A. Écrivez chaque phrase à la négative.

Write each sentence in the negative.

> *Rappelez-vous que dans une phrase négative avec une préposition, la préposition ne change pas.*
>
> *Remember that in a negative sentence with a preposition, the preposition does not change.*

e.g.

Je veux aller <u>au</u> musée.
préposition

*Je **ne** veux **pas** aller **au** musée.*

1. Le chien aime les os.

   _____

2. Nous sommes heureux aujourd'hui.

   _____

3. Ils mangent de la crème glacée.

   _____

4. Elle aime l'acteur dans le film.

   _____

5. Les filles vont au magasin demain.

   _____

6. Les filles achètent de nouveaux vêtements.

   _____

ISBN: 978-1-77149-181-5

B. Répondez aux questions à la négative.

Answer the questions in the negative.

Étudiez la page 30 pour vous aider avec le placement des mots négatifs et avec les articles.
Study page 30 to help you with the placement of negative words and the articles.

 e.g.

Q Est-ce que tu bois du cola ?

R Non, je <u>ne bois pas de cola</u>.
Je bois du jus.

1. **Q** Est-ce que tu aimes la danse ?

   R Non, je _____ . Je préfère les sports.

2. **Q** Est-ce que Jean mange du poisson ?

   R Non, il _____ . Il aime plutôt la viande.

3. **Q** Est-ce qu'ils jouent au golf ?

   R Non, ils _____ . Ils jouent au baseball.

4.  **Q** Est-ce que nous sommes prêts à partir ?

   R Non, nous _____ .

5. **Q** Est-ce que les clowns donnent des cadeaux aux enfants ?

   R Non, ils _____ .

ISBN: 978-1-77149-181-5

C. Encerclez le deuxième adverbe de négation le plus approprié.

Circle the most appropriate second negative adverb.

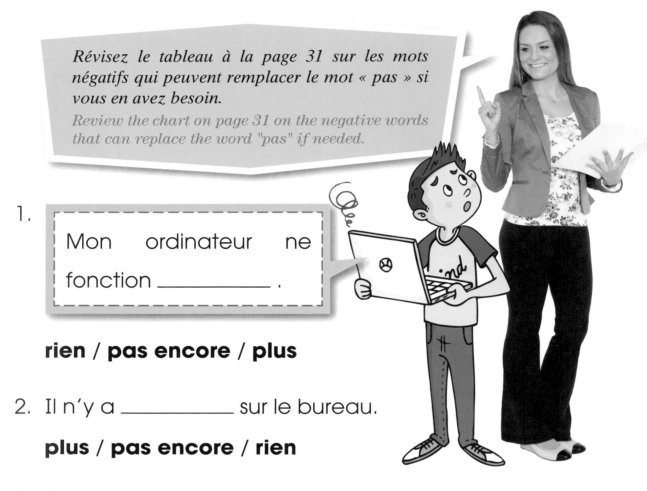

> *Révisez le tableau à la page 31 sur les mots négatifs qui peuvent remplacer le mot « pas » si vous en avez besoin.*
>
> *Review the chart on page 31 on the negative words that can replace the word "pas" if needed.*

1. Mon ordinateur ne fonction _____ .

    rien / pas encore / plus

2. Il n'y a _____ sur le bureau.

    plus / pas encore / rien

3. Je n'ai _____ mangé mon dîner.

    personne / pas encore / jamais

4. Il prend sa retraite. Il ne travaille _____ .
    retirement

    rien / plus / personne

5. Votre lapin ne mange _____ de croustilles.

    personne / pas / pas encore

6. Il n'y a _____ dans la salle d'attente.
    room   waiting

    jamais / rien / personne

ISBN: 978-1-77149-181-5

D. Encerclez le bon article pour être utilisé avant l'objet direct dans chaque phrase négative.

Circle the correct article to be used before the direct object in each negative sentence.

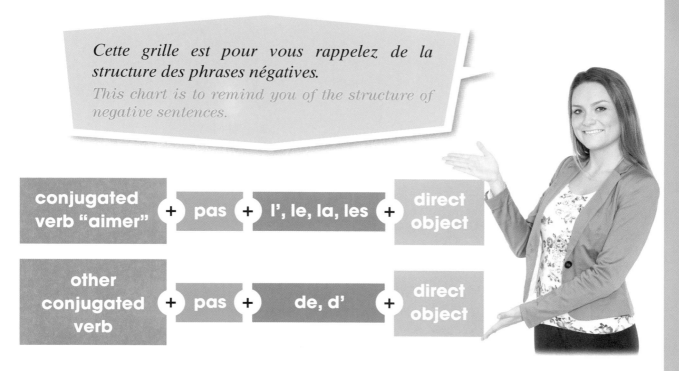

Cette grille est pour vous rappelez de la structure des phrases négatives.

This chart is to remind you of the structure of negative sentences.

conjugated verb "aimer" + pas + l', le, la, les + direct object

other conjugated verb + pas + de, d' + direct object

1. Nous ne mangeons pas **de / la / le** viande.

2. Bella et Sophie n'aime pas **l' / de / la** natation.

3. L'ours n'attrape pas encore **les / d' / de** poissons.

4. Je n'aime pas **de / l' / le** jeu.

5. Nous n'attrapons pas **d' / les / la** abeilles.

6. Vous n'aimez pas **l' / les / la** cambrioleurs dans le film.
   robbers

7. Tu ne veux pas **les / de / la** robe.

8. Elle ne désire pas **les / de / le** poulet.

ISBN: 978-1-77149-181-5

Les prépositions
Prepositions

Les prépositions
Prepositions

A preposition is a word that links two other words together to show the relationship between them. We will learn about three types of prepositions: prepositions of place, direction, and time. We will also learn about the difference between variable and invariable prepositions.

Les prépositions de lieu
Prepositions of Place

*A preposition of place shows the location of an object or a subject in relation to something or someone else. It is **invariable**, meaning its spelling does not change regardless of the context.*

Les prépositions

sur	on
sous	under
dans	in
entre	between
devant	in front of
derrière	behind
à côté de	beside
au dessus de	above
en dessous de	below
près de	close to / near
loin de	far from

Je suis **près de** vous.
*I am **close to** you.*

Je suis **à côté de** vous.
*I am **beside** you.*

ISBN: 978-1-77149-181-5

Keep in Mind

Les prépositions de direction
Prepositions of Direction

*A preposition of direction shows where the subject is going to or coming from. It is **variable**, meaning its spelling changes to agree, in gender and number, with the noun after it.*

Les prépositions

	À		De
à la		*de la*	
à l'		*de l'*	
à + le → *au*		*de + le* → *du*	
à + les → *aux*		*de + les* → *des*	
to the / at the		from the / of the	

Les prépositions de temps
Prepositions of Time

*A preposition of time shows when a subject does or did an action. It is **invariable**.*

Les prépositions

avant	before
après	after
pendant	during
pour	for
depuis	since

Les prépositions de lieu
– invariable

sur	on	sous	under
dans	in	entre	between
devant	in front of		
derrière	behind		
à côté de	beside		
au dessus de	above		
en dessous de	below		
près de	close to / near		
loin de	far from		

Les prépositions de direction
– variable

à la / à l' / au / aux
to the / at the

de la / de l' / du / des
from the / of the

Les prépositions de temps
– invariable

avant	before
après	after
pendant	during
pour	for
depuis	since

Basic French

J'apprends le français à l'école depuis l'année dernière.

I am studying French at school since last year.

ISBN: 978-1-77149-181-5

A. Remplissez les tirets avec les bonnes prépositions.

Fill in the blanks with the correct prepositions.

1. Max et Liz sont _____ des fleurs.

   1. sur
      derrière
      près

2. Max et Liz sont _____ du parapluie.

   2. au dessus
      sur
      en dessous

3. Max est _____ Liz.

   3. dans
      à côté de
      devant

4. Les abeilles sont _____ des fleurs.

   4. derrière
      au dessus
      sous

5. L'oiseau est _____ l'arbre et le chat est _____ l'arbre.

   5. sous
      dans
      devant

6. Max et Liz sont _____ du soleil mais les nuages sont _____ du soleil.

   6. près
      loin
      à côté

ISBN: 978-1-77149-181-5

B. Récrivez chaque phrase avec la bonne préposition à la bonne place.

Rewrite each sentence with the correct preposition in the correct place.

1.

   Le lapin est la fleur

   _____

   Le singe est l'arbre

   _____

2.

   Le chat est le réfrigérateur

   _____

   Le chien est la table

   _____

3. Mme Labelle est David et Lucie

   _____

4. Le tableau est nous

   _____

   _____

   La terre est de nous

   _____

   _____

David   Mme Labelle   Lucie

ISBN: 978-1-77149-181-5

C. Remplissez les tirets avec les bonnes formes des prépositions de direction.

Fill in the blanks with the correct forms of the prepositions of direction.

Rappelez-vous que ces prépositions sont variables.
Utilisez la grille à la page 37 pour vous aider.
Remember that these prepositions are variable.
Use the chart on page 37 to help you.

À **à la / à l' / au / aux** at / to

1. À 16h, nous allons _____ parc et nous jouons avec nos amis.

2. _____ hôpital, les patients sont très malades.

3. Samedi soir, ils vont _____ fête.

4. Est-ce que vous venez _____ banque avec moi ?

5. J'aime aller _____ restaurants pendant les fins de semaines.

De **de la / de l' / du / des** from / of

6. Je viens _____ magasin d'épicerie.

7. Marie rêve _____ magasins remplis de vêtements chics.

8. Antoine et Lucas parlent _____ tableaux au musée.

9. Tu viens _____ école ?

10. Vous mangez toujours _____ bonbons.

ISBN: 978-1-77149-181-5

D. Remplissez les tirets avec les bonnes prépositions de temps.

Fill in the blanks with the correct prepositions of time.

1.

Levez la main _____ que vous parlez.
before

Les prépositions de temps

avant
après
depuis
pendant
pour

2. _____ le 7 septembre, nous allons à l'école pendant la semaine.
Since

3. _____ 15 minutes, nous changeons de l'activité.
After

4. Ne parlez pas _____ qu'une personne parle. Écoutez attentivement.
while

5. Je regarde la télévision _____ que je fais mes devoirs.
after

6. Je peux courir _____ 35 minutes.
for

7. Ils jouent à cache-cache _____ la récréation.
during

8. Nous achetons notre maïs soufflé _____ que le film commence.
before

Les questions
Questions

Les questions
Questions

Questions use interrogative words to ask for specific kinds of information.

We learned many interrogative words in Grade 4. Here we will focus on these four:

Les constructions interrogatifs
Interrogative Constructions

Pourquoi	Why
Quand	When
À quelle heure	What time
De quelle couleur	What colour

e.g. Les questions

   Pourquoi est-ce que tu cours ?
   Why are you running?

   Quand est-ce que vous partez ?
   When are you leaving?

   À quelle heure pouvez-vous partir ?
   What time can you leave?

L'inversion
Inversion

subject pronouns

je	nous
tu	vous
il	ils
elle	elles

Inversion is when the verb and the pronoun are in reverse order in a question. It is used without "est-ce que".

*e.g. De quelle couleur **sont-elles** ?*

De quelle couleur sont les fleurs ?
What colour are the flowers?

ISBN: 978-1-77149-181-5

Les questions sans l'inversion

Questions without Inversion

Questions can be asked without inversion when they are in an informal setting, such as between friends. These questions use rising intonation to make it clear that they are questions and not statements.

e.g. Les questions

Pourquoi tu ris ?

Why are you laughing?

Tu manges quand ?

When are you eating?

À quelle heure tu comptes rentrer ?

What time do you think you'll go home?

De quelle couleur est le chandail ?

What colour is the sweater?

Les questions

Questions use interrogative words and constructions to ask for specific information.

pourquoi	why
quand	when
à quelle heure	what time
de quelle couleur	what colour

Avec l'inversion

- without "est-ce que"
- can be used in formal contexts

Sans l'inversion

- do not need "est-ce que"
- can be used in informal contexts

Pourquoi tu apprends le français ?

Why are you learning French?

ISBN: 978-1-77149-181-5

A. Reliez les questions avec les réponses.

Match the questions with the answers.

A C'est bleu.

B Je la quitte à 15h30.

C C'est à environ 12h30.

D Ils sont bruns foncés.

E Je veux la pratiquer ce soir.

F Parce que c'est ma couleur préférée.

G Je pars en après-midi demain.

H Parce que l'école commence à 8h.

1. À quelle heure est l'heure de déjeuner ?   _____

2. Pourquoi tu choisis le bleu ?   _____

3. De quelle couleur sont ses cheveux ?   _____

4. Pourquoi est-ce que tu te lèves si tôt ?   _____

5. À quelle heure tu quittes l'école ?   _____

6. De quelle couleur est le stylo ?   _____

7. Quand est-ce que tu pars en vacances ?   _____

8.

Quand veux-tu pratiquer la présentation ?

_____

 ISBN: 978-1-77149-181-5

B. Déterminez dans quelle situation vous pouvez poser chaque question. Écrivez la lettre dans la boîte correcte.

Determine in which situation you can ask each question. Write the letter in the correct box.

A À quelle heure commence-t-il le match de hockey ?

B Pourquoi est-ce que vous portez une cravate ?

C De quelles couleurs sont les uniformes à cette école ?

D À quelle heure tu prends le métro ?

E Quand commence la performance ?

F Quand est-ce que vous allez à l'école ?

G Tu pars quand ?

H Pourquoi est-ce que vous êtes en retard ?

Type de situation

formelle

informelle

ISBN: 978-1-77149-181-5

C. Remplissez les tirets avec les mots interrogatifs qui conviennent aux situations à l'école.

Fill in the blanks with the appropriate question words for situations at school.

Pourquoi
Quand
À quelle heure
De quelle couleur

1. _____ est-ce que tu écris avec un crayon ?

2. _____ est ton sac à dos ?

3. _____ est-ce que nous écrivons les examens finals ?

4. _____ est le jeu de baseball ce soir ?

5. _____ sont tes chaussures ?

6. _____ n'avez vous pas fait vos devoirs ?

7. _____ commence-t-il le cours de mathématiques ?

8. _____ est-ce que tu vas faire tes devoirs ?

ISBN: 978-1-77149-181-5

D. Mettez les questions en ordre. Ensuite répondez aux questions selon vos opinions.

Put the questions in order. Then answer the questions according to your opinions.

1. sont-ils / de quelle couleur / tes yeux

2. aimes-tu / pourquoi / les films / regarder

3. te réveilles / tu / à quelle heure / est-ce que

4. quand / avec / tu joues / est-ce que / tes amis

5. préfères / quel / est-ce que / livre / tu

1.  Q _____

   R Mes yeux sont _____

2. Q _____

   R Parce que _____

3.  Q _____

   R Je me réveille à _____

4.  Q _____

   R Je joue avec mes amis _____

5.  Q _____

   R Je préfère _____

ISBN: 978-1-77149-181-5

La révision 1 :
La grammaire et les conventions linguistiques

La révision

- **Les noms et les pronoms**
- **Les adjectifs**
- **Les verbes**
- **Les verbes à l'infinitif présent**
- **La négation**
- **Les prépositions**
- **Les questions**

Les noms et les pronoms

A. Remplissez les tirets avec les bons pronoms sujets.

Nous   Vous   Ils   Elles

1. Marie et moi, _____ allons monter des arbres.

2. _____ êtes heureux parce que c'est la récréation.

3. Anne et Luc sont contents parce qu' _____ aiment ce jeu.

4. _____ sommes enthousiastes pour cette fin de semaine.

5. _____ voulez parler à vos amis à l'école.

6. J'aime les fleurs parce qu' _____ ont une bonne odeur.

7. Jacques et Antoine, _____ font du ski demain.

ISBN: 978-1-77149-181-5

Les adjectifs

B. Écrivez les bonnes formes des adjectifs donnés.

1. Les _____ (grand) animaux sont _____ (incroyable).

2. Nous mangeons sur une table _____ (brun).

3. J'aime les autos _____ (sportif) et _____ (rouge).

4. Vous jouez aux jeux _____ (amusant).

5. Amélie et Adrienne sont mes _____ (meilleur) amies.

6. Les singes sont des animaux

    _____ (intelligent).

Les verbes

C. Remplissez les tirets avec les bonnes conjugaisons du verbe « être ».

1. Vous _____ très généreux.

2. Martin et moi _____ excités pour la fête ce soir.

3. Erwan et Cassandra _____ arrivés pour regarder le film.

4. Léon et toi _____ drôles quand vous dites des blagues.

5. Eléonore et Clarisse _____ tellement heureuses de vous voir.

6. Nous _____ nerveux de faire nos présentations.

ISBN: 978-1-77149-181-5

D. Remplissez les tirets avec les bonnes conjugaisons du verbe « avoir ».

1. Elles _____ faim. Elles _____ de la pizza.

2. Nous _____ 11 ans cette année.

3. J'_____ peur de ce film parce qu'il est effrayant.

4. Vous _____ soif. Voici des verres d'eau.

5. Tu _____ chaud parce qu'il fait du soleil.

6. Il _____ froid parce qu'il neige.

7. Elles _____ besoin d'aller aux toilettes.

8. Vous _____ mal à la tête aujourd'hui.

Les verbes à l'infinitif présent

E. Écrivez les verbes à l'infinitif présent qui conviennent.

Les verbes

attendre	finir	trouver	goûter
entendre	accomplir	nager	

1. Elles peuvent _____ des oiseaux chanter.

2. Nous aimons _____ à la plage.

3. Vous devez _____ vos devoirs ce soir.

4. Ils veulent _____ leurs clés.

5. Nous voulons _____ le gâteau.

6. Elles détestent _____ l'autobus chaque matin.

7. Nous pouvons _____ tous nos buts.

ISBN: 978-1-77149-181-5

La négation

F. Écrivez chaque phrase à la négative.

1. J'aime chanter dans le chœur.

   _____

2. Nous avons perdu nos devoirs.

   _____

3. Les filles jouent au soccer ensemble.

   _____

4. Les garçons courent pendant la récréation.

   _____

5. Vous allez à la Tour CN ce vendredi.

   _____

G. Encerclez le deuxième adverbe de négation le plus approprié.

1. Il n'y a _____ dans le coffre à jouets.

   pas encore / rien / plus

2. Je n'ai _____ fini mes devoirs.

   rien / personne / pas encore

3. Ton chien ne joue _____ avec mes souliers.

   pas / personne / rien

4. Il n'y a _____ au parc aujourd'hui.

   plus / personne / pas

5. Ma télévision ne fonctionne _____ .

   rien / pas encore / plus

ISBN: 978-1-77149-181-5

Les prépositions de direction

H. Remplissez les tirets avec les bonnes prépositions de direction.

1. Demain soir à 18h30, je vais _____ patinoire pour ma leçon.

2. Est-ce que tu viens _____ bibliothèque ?

3. Nous allons _____ parc aujourd'hui.

4. Vous achetez _____ bons livres _____ magasin.

5. Je rêve d'aller _____ université de Toronto quand je suis diplômé _____ école secondaire.

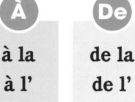

À	De
à la	de la
à l'	de l'
au	du
aux	des

Les prépositions de temps

I. Encerclez les bonnes prépositions de temps.

1. Faites vos devoirs **après** / **pendant** / **avant** que vous dormez.

2. J'écris mon examen **pour** / **après** / **avant** une heure.

3. Je vais retourner chez moi **après** / **pendant** / **avant** 30 minutes.

4. Je joue avec mes amis **pour** / **depuis** / **après** l'école.

5. J'aime jouer dehors **depuis** / **pendant** / **pour** l'été.

ISBN: 978-1-77149-181-5

Les questions

J. Remplissez les tirets avec les mots interrogatifs qui conviennent.

1. _____ est ta nouvelle robe ?

2. _____ est-ce que tu veux aller chez Diane ?

3. _____ est-ce que c'est ton jeu préféré ?

4. _____ est-ce que les vacances d'été commencent ?

5. _____ est votre rendez-vous chez le médecin ?

Pourquoi

Quand

À quelle heure

De quelle couleur

K. Mettez les questions en ordre. Ensuite répondez aux questions.

A tu penses que
qu'est-ce que
tu vas faire
ce soir

B préférés
sont tes souliers
de quelle couleur

C tes devoirs
est-ce que
quand
chaque nuit
tu fais

1. Q _____
   R Je pense que _____

2. Q _____
   R Mes souliers _____

3. Q _____
   R Je fais mes _____

ISBN: 978-1-77149-181-5

Section II

La communication orale
Oral Communication

This section focuses on both listening and speaking in French. The units are designed to ensure students develop the skills to understand basic oral French texts and demonstrate that understanding, as well as to speak French using correct pronunciation and intonation. Students will learn common French expressions and answer simple questions in French. Audio clips are included to facilitate learning.

ISBN: 978-1-77149-181-5

Les stratégies de compréhension orale *Listening Comprehension Strategies*

Les stratégies de compréhension orale

Listening Comprehension Strategies

These strategies will help you understand oral French texts.

Les stratégies avant l'écoute

Before-listening Strategies

1 **Vérifiez le volume :**

Make sure you can hear clearly.

2 **Identifiez le titre, l'auteur, et le genre :**

Use this information to make predictions about what the text is about.

3 **Faites un remue-méninges à propos du sujet du texte :**

Examine the cover and in-text pictures and skim through for familiar words.

4 **Identifiez le(s) tâche(s) :**

Find out what is expected of you in the listening activity. Keep these expectations in mind as you listen.

Suivez ces étapes pour assurer que vous comprenez les textes français.

Follow these steps to ensure you understand French texts.

ISBN: 978-1-77149-181-5

Les stratégies pendant l'écoute

While-listening Strategies

Use these strategies as you listen to ensure optimal comprehension.

1

Prenez des notes :

Add new words to your word list and look up their definitions. Write down things about the characters, the setting, and the events.

2

Utilisez les indices visuels et auditifs :

Understand the text by examining pictures while listening, and by focusing on the tone of the speaker's voice.

3

Posez des questions :

Ask yourself questions as you listen, such as why a character said something, or what will happen next and why.

Rappelez-vous de vos prédictions pour voir si elles sont correctes.

Always keep your predictions in mind to see if they come true.

Use this checklist before and while listening to ensure comprehension.

Avant l'écoute

◯ Vérifiez le volume.

◯ Identifiez le titre, l'auteur, et le genre.

◯ Faites un remue-méninges à propos du sujet du texte.

◯ Identifiez le(s) tâche(s).

Pendant l'écoute

◯ Prenez des notes sur le vocabulaire et le contexte.

◯ Utilisez les indices visuels et auditifs.

◯ Posez des questions.

A. Répondez aux questions avant l'écoute.

Answer the before-listening questions.

1. Qu'est-ce que c'est le titre du texte ?
   What is the title of the text?

   _____

2. Qui est l'auteur du texte ?
   Who is the author of the text?

   _____

3. Qu'est-ce que vous pensez est la forme du texte ?
   What do you think is the text form?

   _____

4. Qu'est-ce que vous pensez est le sujet du texte ?
   What do you think is the subject of the text?

   _____

Ma journée au musée
Par : Sam

5.

Listez quatre prédictions de ce qui va se passer dans le texte selon le titre et l'image.

List four predictions about what will take place in the text based on the title and picture.

- _____
- _____
- _____
- _____

ISBN: 978-1-77149-181-5

B. Écoutez l'extrait sonore en ligne. Répondez aux questions pendant l'écoute.

Listen to the audio clip online. Answer the while-listening questions.

Écoutez attentivement pour compléter cette activité. Utilisez un dictionnaire pour vous aider.

Listen carefully to complete this activity. Use a dictionary to help you.

1. Quel est le ton du texte ?

   A heureux   B fâché   C triste

2. Cochez les images des mots que vous entendez dans l'extrait sonore.

   Check the pictures of the words you hear in the audio clip.

   A  B  C  D

3. Encerclez les noms, les adjectifs, les prépositions, et les verbes que vous entendez dans l'extrait sonore.

   Circle the nouns, adjectives, prepositions, and verbs you hear in the audio clip.

jouer	argent	peinture	magnifique
belle	achète	après	incroyable
déjeuner	avant	content	au
classe	basketball	regardons	va

C. **Lisez le texte et écoutez encore l'extrait sonore en ligne. Répondez aux questions.**

Read the text and listen to the audio clip online again. Answer the questions.

8.1

Mon journal

Aujourd'hui, je vais au musée avec ma classe. Nous regardons l'exposition de dinosaures. Elle est incroyable ! Pour le déjeuner, nous mangeons de la pizza. Elle est délicieuse. Après le déjeuner, nous regardons l'exposition d'arts. Elle est magnifique !

Avant de partir, ma classe visite la boutique de souvenirs. Je veux acheter un dinosaure en peluche, mais j'ai oublié mon argent ! Mon ami, Olivier, l'achète pour moi. Je suis si heureux. Il est un très bon ami.

Sam

1. Quelle est la forme du texte ?
   What is the text form?

   _____

2. Quel est le style du texte ?
   What is the text style?

   _____

3. Est-ce que l'auteur s'amuse au musée ? Pourquoi ?
   Does the author have fun at the museum? Why?

   _____

   _____

ISBN: 978-1-77149-181-5

D. Complétez le sommaire du texte en utilisant les mots donnés. Pratiquez à le lire à haute voix.

Complete the summary of the text using the given words. Practise reading it out loud.

déjeuner

musée

classe

peluche

heureux

argent

partir

oublié

exposition

souvenirs

Écrivez les traductions anglaises des mots dans les boîtes.

Write the English translations of the words in the boxes.

Le sommaire

Sam va au ___1._____ avec sa ___2._____ . Sam regarde l' ___3._____ de dinosaures. Ensuite il mange de la pizza. Après son déjeuner, Sam regarde l'___4._____ d'arts. Il aime les dinosaures et l'art. Avant de ___5._____, la classe visite la boutique de ___6._____ . Sam veut acheter un dinosaure en ___7._____, mais il a ___8._____ son ___9._____ . Son bon ami Olivier l'achète pour lui. Sam est très ___10._____ .

ISBN: 978-1-77149-181-5

La compréhension orale
Listening Comprehension

La compréhension orale
Listening Comprehension

It is time to demonstrate your comprehension of the oral text from the previous unit: "Ma journée au musée". Below are after-listening strategies you can use to improve your comprehension.

Les stratégies après l'écoute
After-listening Strategies

Use these strategies after listening to an oral text to solidify and creatively expand your understanding of it.

> *Utilisez ces stratégies pour vous aider à enrichir votre expérience d'un texte oral.*
>
> *Use these strategies to help you enrich your experience of an oral text.*

1 **Mettez les événements en ordre**

Arrange the events in the text in chronological order. This will help you determine the significance of events.

2 **Posez des questions à vous-même**

Ask yourself questions about the plot, characters, and actions to help determine meaning.

3 **Répondez aux questions de compréhension**

Answer comprehension questions to help you think critically about what you have listened to.

ISBN: 978-1-77149-181-5

My Listening *Checklist*

4

Faites des liens personnels

Try to connect personally with the subject matter, such as family, friends, activities, and preferences. This will help you achieve a deeper understanding of the text.

5

Développez votre vocabulaire

Add new words and their definitions to your vocabulary list.

6

Faites un sommaire du texte

Write a plot summary to demonstrate and improve your comprehension.

7

Formez une opinion

Write your personal opinion of the text to demonstrate your comprehension.

Use these after-listening strategies to help solidify your comprehension of an oral text and to creatively expand upon it.

Les stratégies après l'écoute

1. Mettez les événements en ordre. ○
2. Posez des questions. ○
3. Répondez aux questions. ○
4. Faites des liens. ○
5. Développez votre vocabulaire. ○
6. Faites un sommaire du texte. ○
7. Formez une opinion. ○

Merci !
Thank you!

J'aime beaucoup ton entrée de journal parce que c'est intéressante et amusante.
I like your journal entry a lot because it is interesting and fun.

Ma journée au musée

ISBN: 978-1-77149-181-5

A. **Écrivez les numéros de 1 à 8 pour mettre en ordre les événements du texte, « Ma journée au musée » .**

Write the numbers from 1 to 8 to put the events of the text, "Ma journée au musée", in order.

Écoutez l'extrait sonore en ligne avant de compléter cette activité.

Listen to the audio clip online before completing this activity.

ISBN: 978-1-77149-181-5

B. Répondez aux questions de compréhension à propos du texte.

Answer the comprehension questions about the text.

1. Où est-ce que Sam va ?

    _____

2. Avec qui est-ce qu'il va ?

    _____

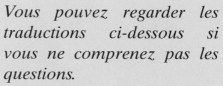

Vous pouvez regarder les traductions ci-dessous si vous ne comprenez pas les questions.

You can look at the translations below if you do not understand the questions.

3. Qu'est-ce que Sam décrit comme « magnifique » ?

    _____

4. Qu'est-ce qu'il décrit comme « incroyable » ?

    _____

5. Pourquoi est-ce que Sam est triste d'oublier son argent ?

    _____

6. Pourquoi est-ce que vous pensez que Sam veut un dinosaure en peluche ?

    _____

1. Where does Sam go?
2. Who does he go with?
3. What does Sam describe as "magnifique"?
4. What does he describe as "incroyable"?
5. Why is Sam sad that he forgot his money?
6. Why do you think Sam wants a stuffed dinosaur?

ISBN: 978-1-77149-181-5

C. Faites des liens personnels avec le sujet du texte oral.

Make personal connections with the subject of the text.

> *Je peux faire des liens personnels avec le texte parce que j'adore les dinosaures !*
>
> *I can connect personally with the text because I love dinosaurs!*

1. Est-ce que vous avez visité un musée ?

   _____

2. Listez cinq choses que vous avez vues au musée.

   1 _____

   2 _____

   3 _____

   4 _____

   5 _____

3. Quelle était votre chose préférée ? Pourquoi ?

   _____

   _____

4. Est-ce que vous avez un(e) bon(ne) ami(e) comme Olivier ? Comment s'appelle-t-il/elle ?

   _____

   _____

1. Have you ever visited a museum?
2. List five things you saw at the museum.
3. Which was your favourite thing? Why?
4. Do you have a good friend like Olivier? What is his or her name?

ISBN: 978-1-77149-181-5

D. **Répondez aux questions. Ensuite donnez votre opinion personnelle.**

Answer the questions. Then give your personal opinion.

> J'aime l'entrée du journal parce que j'adore l'art.
> *I like the journal entry because I love art.*

1. Dessinez et écrivez à propos de votre exposition préférée au musée.
   Draw and write about your favourite exhibit at the museum.

_____

_____

2. Donnez votre opinion personnelle du texte oral.
   Give your personal opinion of the oral text.

_____

_____

10

La prononciation et l'intonation

Pronunciation and Intonation

La prononciation

Pronunciation

It is important to learn to speak French with a smooth pace about familiar topics such as school and family, and to pronounce words accurately.

Speaking with a smooth pace

It is natural for speakers, especially those learning French, to pause or use filler words while thinking of what to say.

Pausing in a sentence

You can take pauses between groups of words.

Below are the optional pauses.

> subject + verb // direct object //
> indirect object // time // place

> *Les deux barres obliques « // » représentent les places optionnelles pour faire des pauses.*
>
> The two slashes "//" represent optional places to pause.

e.g. **in writing** *J'aime donner des cadeaux à ma famille après le souper de Noël chez nous.*

> **euh**   **tu sais**
> J'aime donner∧// des cadeaux **euh** // à ma famille∧// après le souper de Noël // chez nous.

	Fillers		Pronunciation
10.1	euh	uh... um...	uh
	alors	so... then...	ah·lorh
	eh bien	well...	eh bee·ehn
	enfin	well... finally...	ehn·fehn
	c'est-à-dire	I mean...	seht·ah deere
	vous savez / tu sais	you know...	voo sah·veh / tew seh

ISBN: 978-1-77149-181-5

Pronouncing new words:

There are four nasal sounds in French that are made partly with the nasal cavity. You will feel a slight vibration in your nose.

10.2

ã	ahn	ce**n**tre, pla**n**che, ja**mb**e
ɛ̃	ehn	m**oin**s, p**ein**ture, b**ain**
õ	ohn	to**mb**er, b**on**, lo**ng**ue
œ̃	uhn	**un**, br**un**

There is a "rolling R" in French. The sound is made with the uvula at the back of the throat.

10.3

| ʁ | r | fer, tir, marbre, or |

L'intonation

Intonation

Intonation rises slightly in the middle of a sentence to indicate that it is not finished and falls at the end to show it is finished. Intonation rises more sharply at the end of a question.

10.4

Aimes-tu manger des épinards ?
Do you like eating spinach?

La prononciation

where to pause:

**subject + verb // direct object //
indirect object //
time // place**

Use fillers while thinking of what to say.

Nasal sounds	**Rolling R**
ã (ahn) : centre	ʁ (r): fer
ɛ̃ (ehn) : moins	
õ (ohn) : tomber	
œ̃ (uhn) : un	

Non. J'aime manger du brocoli.
No. I like eating broccoli.

ISBN: 978-1-77149-181-5

A. Écoutez l'extrait sonore en ligne pour les pauses dans les phrases. Ajoutez les mots de remplissage et les // pour montrer où sont les pauses.

Listen to the audio clip online for the pauses in the sentences. Add the filler words and the // to show where the pauses are.

10.5

Écoutez attentivement pour les pauses. Choisissez les bons mots de remplissage.

Listen carefully for the pauses. Choose the correct filler words.

Filler Words

euh   alors
eh bien   enfin
c'est-à-dire
vous savez / tu sais

1. Je dors _^ euh // à 21h du lundi au vendredi et à 22h pendant la fin de semaine.

2. Les trois repas que je préfère manger pour le petit déjeuner sont des céréales, du pain grillé, et des œufs.

3. En été, j'aime porter les couleurs plus vives comme le rose, le violet, le bleu, et le jaune, parce qu'il fait du soleil.

4. Les trois sports que j'aime jouer sont le soccer, le tennis, et le hockey parce que je joue bien à ces sports.

5. Je vais regarder un film comique avec mon ami André ce vendredi à 19h45 chez moi.

6. Les étudiants vont en voyage de classe au musée pour apprendre à propos des dinosaures.

ISBN: 978-1-77149-181-5

B. Déterminez si chaque mot est prononcé avec une voyelle orale ou une voyelle nasale. Cochez la bonne réponse.

Determine whether each word is pronounced with an oral vowel or a nasal vowel. Check the correct answer.

10.6

Après l'écoute de l'extrait sonore, n'oubliez pas de pratiquer vous-même.

After listening to the audio clip, don't forget to practise on your own.

	orale *a, e, o, u*	nasale *ã, ɛ̃, õ, œ̃*
1. panne	◯	◯
2. ancien	◯	◯
3. aucune	◯	◯
4. peau	◯	◯
5. aucun	◯	◯
6. bon	◯	◯
7. beau	◯	◯
8. fine	◯	◯
9. fin	◯	◯
10. grand	◯	◯

Notice how some words are nasal vowels in the masculine form but oral in the feminine form.

e.g. **ancien**   **ancienne**
nasal vowel   *oral vowel*

C. Distinguez entre le R roulé et le R qui ne se prononce pas. Cochez la bonne réponse.

Distinguish between the rolling R and the silent R. Check the correct answer.

10.7

Écoutez l'extrait sonore en ligne. Pratiquez à prononcer le R roulé de français.

Listen to the audio clip online. Practise pronouncing the rolling R in French.

	R roulé the rolling R	**R non-prononcé** the silent R
1. Je vais **boire** de l'eau.	_____	_____
2. J'espère que tu vas **aimer** le film.	_____	_____
3. L'homme est très **riche**.	_____	_____
4. Tu penses que le film est **terrible**.	_____	_____
5. Nous nageons dans la **mer**.	_____	_____
6. Je suis prêt à **dormir**.	_____	_____
7. Je veux **manger** de la soupe aux légumes.	_____	_____
8. Je vais **lire**❶ une **partie**❷ du **livre**❸.	❶ _____ ❷ _____ ❸ _____	_____ _____ _____

ISBN: 978-1-77149-181-5

D. Dessinez une flèche pour montrer la bonne intonation de chaque phrase. Ensuite ajoutez la bonne ponctuation.

Draw an arrow to show the correct intonation of each sentence. Then add the correct punctuation.

Écoutez l'extrait sonore en ligne pour déterminer l'intonation et le type de chaque phrase.

Listen to the audio clip online to determine the intonation and type of each sentence.

1. Nous jouons avec nos amis chaque samedi☐

→ rising intonation
→ falling intonation
→ slightly rising intonation

Punctuation: · ?

2. Voulez-vous nous joindre au café☐

3. Aimes-tu les films comiques☐

4. J'admire les peintres impressionnistes parce que leurs œuvres d'art sont brillantes☐

5. Ils adorent regarder de nouveaux films au cinéma les vendredis☐

6. Vous êtes motivés pour courir la course de Terry Fox☐

Les stratégies de communication orale *Oral Communication Strategies*

Les stratégies de communication orale
Oral Communication Strategies

Oral communication strategies help enrich and expand the content of your speech. They also help refine your speech and improve your ability to interact with others in French.

> *Suivez ces cinq étapes pour améliorer votre communication française.*
> *Follow these five steps to improve your French communication.*

1. *Développez le contenu et le vocabulaire*

les sujets
- ☑ la famille
- ○ les sports
- ○ l'école

Practise speaking about familiar topics. Ask and answer simple questions with a French Learning Buddy to improve your fluency.

2. *Parlez à tour de rôle*

Acknowledge the contributions and opinions of others before stating your own views.

> *J'ai bien compris ce que tu as dit.*

3. *Faites des liens personnels*

Offer relevant comments in connection to what has been said.

> *J'aime aussi acheter des équipements sportifs de cette marque.*

ISBN: 978-1-77149-181-5

4. *Posez des questions*

Questions can be asked to confirm understanding and discover more about other people.

▶ *To confirm understanding, you can ask:*

11.1

e.g. Pouvez-vous expliquer la partie quand vous dites… ?

Can you explain the part when you say…?

▶ *To discover more about others, you can ask:*

11.2

e.g. Est-ce que vous mangez du céleri dans votre salade ?

Do you eat celery in your salad?

5. *Utilisez et observez les aides visuelles*

Use and take notice of facial expressions, body language, eye contact, tone of voice, and gestures such as nodding, pointing, and shrugging to clarify meaning.

Les stratégies de communication orale

Use these oral communication strategies to help you improve your spoken French speech, and to better understand that of others.

1. Développez le contenu et le vocabulaire.
2. Parlez à tour de rôle.
3. Faites des liens personnels.
4. Posez des questions.
5. Utilisez et observez les aides visuelles.

Utilisez les règles de prononciation et d'intonation et combinez-les avec ces stratégies de communication orale pour améliorer votre français.

ISBN: 978-1-77149-181-5

A. Pratiquez à parler des sujets qui sont familiers. Ensuite écrivez des courtes réponses qui font des sommaires de vos idées.

Practise speaking about subjects that are familiar to you. Then write short responses that summarize your ideas.

> **11.3** *Écoutez l'extrait sonore en ligne. Ensuite répétez les questions à haute voix avant de répondre.*
>
> *Listen to the audio clip online. Then repeat the questions out loud before answering.*

1. **L'environnement**

Que pensez-vous du réchauffement climatique ?   global warming

_____

_____

2. **La nourriture**

Pourquoi est-ce que c'est mieux de manger du saumon sauvage que des beignets frits et sucrés ?
wild salmon   donuts   fried

_____

_____

3. **Les divertissements**

Quand jouez-vous aux sports et quand jouez-vous aux jeux vidéo ?

_____

_____

ISBN: 978-1-77149-181-5

B. Écoutez ce que quelqu'un a dit et répondez avec un commentaire approprié. Dessinez votre expression visuelle lorsque vous parlez.

Listen to what someone said and respond with an appropriate comment. Draw your facial expression when you speak.

11.4

Dessinez des expressions visuelles pour exprimer vos sentiments.

Draw different facial expressions to express your feelings.

1.

un joueur de soccer

Je préfère boire de l'eau. Je trouve que les boissons drinks *gazeuses ne sont pas bonnes pour la santé.* carbonated

_____

_____

vous-même

2.

une camarade de classe

Veux-tu jouer à cache-cache pendant la récréation aujourd'hui ?

_____

_____

vous-même

3.

un ami à ta fête

J'adore manger des gâteaux au chocolat ! Et toi ?

_____

_____

vous-même

ISBN: 978-1-77149-181-5

C. Déterminez si le but de chaque question est d'éclaircir ou d'en découvrir plus à propos de quelqu'un.

Determine whether each question is to clarify or to discover more about someone.

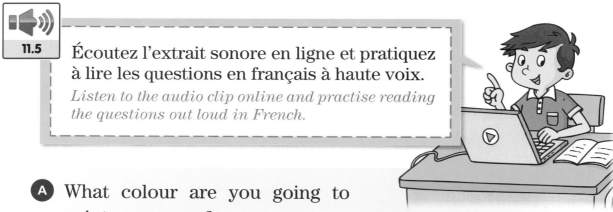

11.5 Écoutez l'extrait sonore en ligne et pratiquez à lire les questions en français à haute voix.

Listen to the audio clip online and practise reading the questions out loud in French.

A What colour are you going to paint your room?

B What did you mean when you said that?

C Why do you like chocolate cake?

D When do you do your homework during the week?

E Can you repeat what you said?

	pour éclaircir	pour découvrir
1. ☐ Qu'est-ce que vous voulez dire quand vous dites cela ?	___	___
2. ☐ Pouvez-vous répéter ce que vous avez dit ?	___	___
3. ☐ Pourquoi est-ce que tu aimes le gâteau au chocolat ?	___	___
4. ☐ De quelle couleur est-ce que tu vas peindre ta chambre ?	___	___
5. ☐ Quand est-ce que tu fais tes devoirs pendant la semaine ?	___	___

ISBN: 978-1-77149-181-5

D. Cochez tous les gestes et expressions visuelles appropriés pour communiquer dans chaque situation.

Check all the appropriate gestures and facial expressions for communicating in each situation.

 11.6 Écoutez l'extrait sonore en ligne et pratiquez à dire les dialogues vous-même.

Listen to the audio clip online and practise saying the dialogues yourself.

1. Un camarade de classe demande, « Puis-j'emprunter une gomme ? » Tu réponds, « Bien sûr ! Tiens ».

- A un sourire aimable
  kind
- B une grimace frustrée

- C un hochement de tête
  nod/shake
- D les bras croisés

2. Un ami demande, « Est-ce que nous regardons un film ce soir ? » Tu réponds, « Je ne peux pas regarder un film parce que j'ai un examen de science ce lundi ».

- A un regard triste
  look
- B un sourire aimable

- C un hochement de tête
- D une main levée
  raised

3. Vous demandez votre professeur, « Est-ce que je peux aller aux toilettes ? »

- A un sourire aimable
- B un regard fâché

- C les bras croisés
- D une main levée

La révision 2 :
La communication orale

La révision

- Les stratégies de compréhension orale
- La compréhension orale
- La prononciation et l'intonation
- Les stratégies de communication orale

Les stratégies de compréhension orale

A. Répondez aux questions avant l'écoute.

1. Quel est le titre du texte ?

    _____

2. Qui est l'auteur du texte ?

    _____

3. Qu'est-ce que vous pensez est la forme du texte ?

    _____

Ruben

Mon match
de hockey
Par : Ruben

4. Listez quatre prédictions de ce qui va se passer dans le texte selon le titre et l'image.

    - _____
    - _____
    - _____
    - _____

ISBN: 978-1-77149-181-5

B. Écoutez l'extrait sonore en ligne. Répondez aux questions pendant l'écoute.

R 2.1

1.

> Quel est le ton du texte ?

enthousiaste / fâché / frustré

2. Cochez les images des mots que vous entendez dans l'extrait sonore.

C. Lisez le texte et écoutez l'extrait sonore en ligne. Répondez aux questions.

R 2.2

Mon journal

Aujourd'hui, c'est mon match final de hockey à la patinoire. Mon équipe et moi, nous sommes incroyables ! Nous avons marqué 3 buts contre 1. Nous sommes très heureux. Après le match, notre entraîneur nous appelle des champions ! Je suis très fier. Mes parents et ma sœur sont fiers de moi aussi. Quelle bonne journée !

1. Quelle est la forme du texte ?
   _____

2. Quel est le style ?
   _____

3. Quel est l'événement que Ruben décrit ?
   _____

4. Est-ce que Ruben a joué un bon match ? Comment le savez-vous ?

ISBN: 978-1-77149-181-5

La compréhension orale

D. Répondez aux questions à propos de l'entrée du journal à la page précédente.

1. Décrivez les sentiments de Ruben dans son journal.

   feelings

   _____

2. Pourquoi est-ce que Ruben et sa famille sont fiers ?

   _____

3. Comment est-ce que Ruben décrit son équipe ?

   _____

4. Quel est le résultat du match de hockey ?

   _____

E. Faites des liens personnels et donnez votre opinion.

1. *Est-ce que vous jouez aux sports ? Faites une liste de tous les sports auxquels vous jouez / avez joué.*

   _____

   _____

2. Quel est votre sport préféré ?

   _____

3. Si vous ne jouez pas de sports, quelle est votre activité préférée ?

   _____

4. Quelle est votre opinion de l'entrée du journal ? Pourquoi ?

   _____

ISBN: 978-1-77149-181-5

Les mots de remplissage

F. Écoutez l'extrait sonore en ligne pour les pauses dans les phrases. Ajoutez les mots de remplissage et des barres obliques pour montrer où sont les pauses.

R 2.3

euh

alors

eh bien

enfin

c'est-à-dire

vous savez /
tu sais

1. Je fais mes devoirs à environ 18h chaque nuit chez moi parce que je dors après que je les finis.

2. J'aime l'exposition de dinosaures au musée parce que c'est éducative et intéressante.

3. Nos devoirs sont plus difficiles parce que nous sommes en cinquième année maintenant.

La prononciation

G. Déterminez si le mot en gras est prononcé avec une voyelle orale ou nasale. Cochez la bonne réponse.

R 2.4

	orale a, e, o, u	nasale ã, ɛ̃, õ, œ̃
1. Je **prends** l'autobus.	○	○
2. Nous regardons la **lune**.	○	○
3. J'ai marqué un **point**.	○	○
4. La table est **brune**.	○	○
5. La tortue est **lente**.	○	○
6. Le film est **bon**.	○	○

ISBN: 978-1-77149-181-5

H. Distinguez entre le R roulé et le R qui ne se prononce pas. Cochez la bonne réponse.

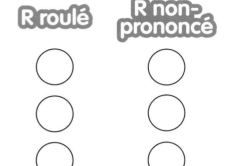

R roulé   R non-prononcé

1. Je veux **jouer** avec Sandra.

2. Nous entendons un **cri**.

3. J'ai **treize** poupées.

4. Je veux **chanter** cette chanson.

5. Vous pouvez **acheter**[1] une **crème**[2] glacée.

6. J'**adore**[3] les **dinosaures**[4] !

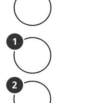

L'intonation

I. Dessinez une flèche pour montrer la bonne intonation de chaque phrase. Ensuite ajoutez la bonne ponctuation.

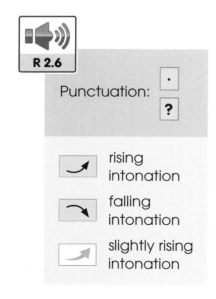

R 2.6

Punctuation:
`.`
`?`

↗ rising intonation

↘ falling intonation

↗ slightly rising intonation

1. J'aime parler à ma meilleure amie parce qu'elle est très drôle☐

2. Tu aimes le jeu☐

3. Nous allons chez Lucille aujourd'hui à 15h30 pour sa fête d'anniversaire☐

ISBN: 978-1-77149-181-5

Les stratégies de communication orale

J. Déterminez si le but de chaque question est d'éclaircir ou d'en découvrir plus à propos de quelqu'un.

A Pouvez-vous répéter cela s'il vous plaît ?

B Pourquoi est-ce que tu aimes cette saveur de crème glacée ?

C Qui est votre meilleur(e) ami(e) ?

D Préfères-tu les mathématiques ou l'anglais ?

E Pardon ? Je ne vous ai pas entendu.

K. Cochez tous les gestes et expressions visuelles appropriés quand vous communiquez dans chaque situation.

1. *Un ami dit, « Bonjour Léo ! Je suis heureux de te voir ce matin ». Tu réponds, « Merci Théo ! Je suis heureux de te voir aussi ».*

A) une grimace fâchée
B) un sourire aimable

C) un signe de la main
wave
D) les bras croisés

2. *Ta mère dit, « Léo ! Tu as oublié de nettoyer ta chambre ! » Tu lui réponds, « Je suis désolé, maman. Je vais la nettoyer maintenant ».*

A) une grimace frustrée
B) un regard triste

C) une inclination de tête
D) une main levée

ISBN: 978-1-77149-181-5

ISBN: 978-1-77149-181-5

Section III

La lecture
Reading

This section focuses on reading basic French texts. The units provide before-, during-, and after-reading strategies to increase students' comprehension, and teach them to identify textual elements such as the purposes and audiences of French texts. Students also learn basic French vocabulary in this section.

ISBN: 978-1-77149-181-5

Les stratégies de compréhension à lecture *Reading Comprehension Strategies*

Les stratégies de compréhension à lecture

Reading Comprehension Strategies

These strategies will help you begin to develop an understanding of a written text before you read it and deepen your comprehension as you read.

Les stratégies avant la lecture
Before-reading Strategies

Use these strategies before reading to improve your comprehension.

1. ***Examinez les caractéristiques du texte***

Preview the text for clues as to what it is about by looking at the title, pictures, captions, etc. Examine the text structure to determine the form and style.

2. ***Faites un remue-méninges à propos du sujet***

Use brainstorming tools such as mind maps to recall prior knowledge you have on the topic or text form.

3. ***Parcourez le texte***

Skim through the text to identify familiar words and cognates.

4. ***Faites des prédictions***

Predict what events might take place in the text and what the conclusion might be.

ISBN: 978-1-77149-181-5

My Reading Checklist

Les stratégies pendant la lecture
While-reading Strategies

Use these strategies while reading to improve your comprehension of a text.

1. **Créez des images mentales**

   Picture the setting, characters, and actions in your mind as you read about them.

2. **Utilisez des indices contextuels**

   Try to understand new words and expressions by making inferences based on the context or what you already know about the subject, setting, or characters.

3. **Lisez le texte à haute voix**

   Read the text out loud, pausing and stopping at appropriate times to imitate a real speech. When a language sounds natural, it is easier to understand.

4. **Relisez**

   Do not be afraid to reread a text for clarification.

Les stratégies de compréhension à lecture

Use this checklist before and while reading to ensure optimal comprehension.

Les stratégies avant la lecture

1. Examinez les caractéristiques du texte. ◯
2. Faites un remue-méninges. ◯
3. Parcourez le texte. ◯
4. Faites des prédictions. ◯

Les stratégies pendant la lecture

1. Créez des images mentales. ◯
2. Utilisez des indices contextuels. ◯
3. Lisez le texte à haute voix. ◯
4. Relisez. ◯

A. Lisez le texte et répondez aux questions avant la lecture.

Read the text and answer the before-reading questions.

Les textes dans cette unité sont des publicités d'un magazine.

The texts in this unit are advertisements from a magazine.

1. Regardez le titre et l'image. Que pensez-vous est le sens du mot « mode » en anglais ?

   _____

2. Regardez le type de vêtements dans l'image. Que pensez-vous est le sens du mot « hiver » ?

   _____

3. Encerclez les mots qui sont similaires à l'anglais en orthographe et en sens.

   | hiver | style | ensemble | exercice | saison |

4. Faites deux prédictions à propos des sujets des publicités.

   • _____

   • _____

1. Look at the title and picture. What do you think is the meaning of the word "mode" in English?
2. Look at the clothing in the picture. What do you think is the meaning of the word "hiver"?
3. Circle the words that are similar to English words in spelling and meaning.
4. Make two predictions about the subjects of the advertisements.

ISBN: 978-1-77149-181-5

B. **Regardez la description des vêtements et l'image pour bien comprendre le sens. Remplissez les tirets avec les mots en gras de la description.**

Look at the description of the clothing and the picture to understand the meaning. Fill in the blanks with the words in bold from the description.

À gauche :

chandail bleu (50$)

manteau d'hiver long et brun (100$)

pantalon noir (80$)

À droit :

robe verte (75$)

chapeau rouge (25$)

bottes brunes (90$)

1. Elle porte un _____ sur sa tête.

2. Il a froid, alors il porte un _____ au dessus d'un chandail.

3. Il porte un _____ parce que c'est l'hiver.

4. Elle porte une _____ à la fête de Noël.

5. Elle porte des _____ pour marcher dans la neige.

6. Il porte un _____ pour rester en chaleur.

7. Comment est-ce que les images d'un texte vous aident à comprendre le sens des mots dans le texte ?

   How do the pictures of a text help you understand the meaning of the words in the text?

   _____

   _____

C. Lisez à haute voix le texte avec un ton de voix qui est approprié à la ponctuation. Répondez aux questions.

Read the text out loud with a tone of voice that suits the punctuation. Answer the questions.

Restez en chaleur et en style cet hiver !

1. Qu'est-ce que la publicité essaie de vendre ?
   What is the advertisement trying to sell?

   _____

2. Quels indices vous aident à déterminer cela ?
   What clues helped you determine this?

   _____

3. Comment est-ce que le ton de cette publicité vous attire à acheter ces vêtements ?
   How does the tone of the advertisement make you want to buy these clothes?

   (A) Le ton est fâché et énervé.
       irritated
   (B) Le ton est triste et douloureux.
       disagreeable
   (C) Le ton est animé et persuasif.

4. Est-ce que vous voulez acheter ces vêtements ? Pourquoi ?
   Do you want to buy these clothes? Why?

   _____

ISBN: 978-1-77149-181-5

D. Lisez le texte et répondez aux questions.

Read the text and answer the questions.

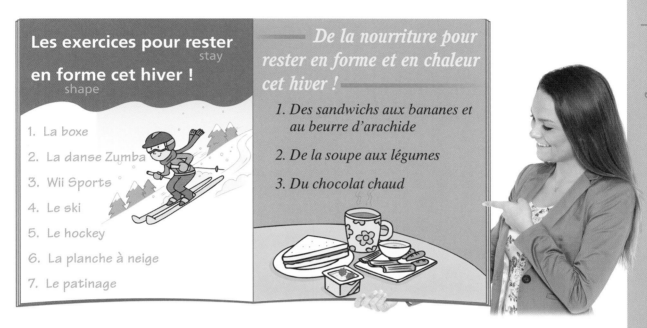

1. Qu'est-ce que c'est le message des publicités ?

   What is the message of the advertisements?

   _____

2. Comment est-ce que les deux pages sont liées ?

   How are the two pages connected?

   _____

3. Comment est-ce que les images renforcent le texte et vous aident à comprendre le message ?

   How do the pictures reinforce the text and help you understand the message?

   _____

   _____

4. Comment est-ce que les publicités sont reliées à l'hiver ?

   How are the advertisements related to winter?

   _____

   _____

13

La compréhension à lecture
Reading Comprehension

La compréhension à lecture
Reading Comprehension

There are strategies you can use after reading to interpret the main ideas and specific details of a written text. They can also help you demonstrate your understanding of the text in writing.

Les stratégies après la lecture
After-reading Strategies

> *Suivez ces cinq étapes pour assurer votre compréhension du texte.*
>
> *Follow these five steps to ensure your comprehension of the text.*

1. **Remplissez un organisateur graphique**

   Make graphs or T-charts to organize textual information to help you complete comprehension activities.

2. **Racontez encore les événements et les points principaux du texte**

   Put events or main points in order with pictures and sentences to clarify understanding.

3. **Racontez encore le texte en utilisant d'autres formes d'arts**

   Create skits, commercials, dramatizations, or puppet shows based on the text.

ISBN: 978-1-77149-181-5

My Reading Checklist

4. **Exprimez de façon créative votre réaction et votre opinion du texte**

Use visual art, music, or dance to express your thoughts of or feelings for a text after reading.

5. **Réfléchissez sur vos compétences et vos stratégies de lecture**

Write down what you are able to achieve when reading using "I can" statements.

e.g. *Je peux lire le texte entier.*

Je peux comprendre le texte à l'aide d'un dictionnaire.

Use these expressions when answering questions or when writing your opinion of, or reaction to, a text.

Continue using a reading checklist after reading to improve comprehension and idea development.

1. Remplissez un organisateur graphique. ◯

2. Racontez encore les événements. ◯

3. Racontez encore le texte en utilisant d'autres formes d'arts. ◯

4. Exprimez votre réaction et votre opinion. ◯

5. Réfléchissez sur vos compétences et vos stratégies de lecture. ◯

Les expressions

Au début In the beginning

Au milieu In the middle

À la fin At/In the end

Je pense que... I think that...

Je peux... I can...

Je me sens que... I feel that...

A. Remplissez l'organisateur graphique pour classer les points principaux dans le magazine de mode dans l'unité précédente.

Fill in the graphic organizer to classify the main points in the fashion magazine in the previous unit.

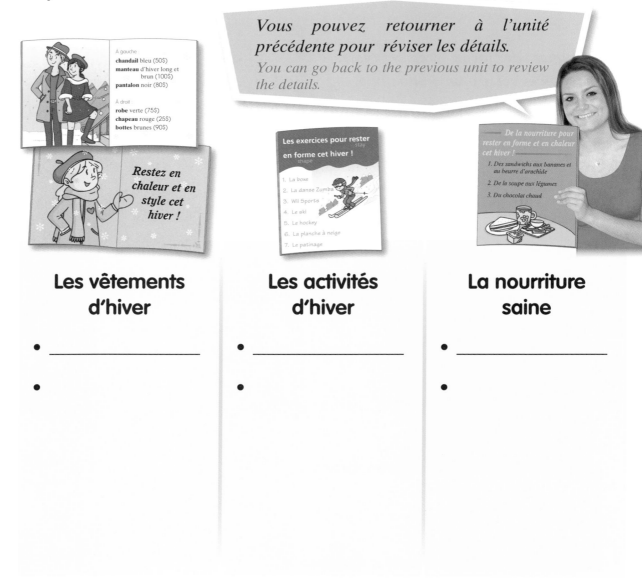

Vous pouvez retourner à l'unité précédente pour réviser les détails.
You can go back to the previous unit to review the details.

Les vêtements d'hiver	Les activités d'hiver	La nourriture saine
• _____	• _____	• _____
•	•	•

Comment est-ce que l'organisateur graphique vous aide à classer et à clairement présenter les informations trouvées dans le magazine ?

How does the graphic organizer help you classify and clearly present the information found in the magazine?

_____

_____

ISBN: 978-1-77149-181-5

B. Créez une affiche qui fait le marketing pour une activité d'hiver.

Create a poster to advertise a winter activity.

Vous pouvez ajouter des phrases persuasives et des questions rhétoriques pour persuader des personnes à faire votre activité.

You can use persuasive sentences and rhetorical questions to persuade people to do your activity.

Faites du ski parce que c'est stimulant et passionnant !

Ski because it is challenging and exciting!

Jouez au hockey parce que c'est très amusant !

Play hockey because it is very fun!

1.

2. Est-ce que votre publicité est attirante et persuasive ? Expliquez.

Is your advertisement appealing and persuasive? Explain.

ISBN: 978-1-77149-181-5

C. Regardez encore les publicités dans le magazine. Répondez aux questions.

Look at the advertisements in the magazine again. Answer the questions.

> *J'aime les publicités parce qu'elles sont attirantes et utiles.*
> I like the advertisements because they are attractive and helpful.

> J'aime la publicité C parce que je veux essayer des sports d'hiver différents.
> *I like advertisement C because I want to try different winter sports.*

> J'aime ce magazine parce qu'il me montre comment manger de manière saine en hiver.
> *I like this magazine because it shows me how to eat healthily in winter.*

1. **Quelle est votre publicité préférée ? Pourquoi ?**

   Which advertisement is your favourite? Why?

   _____

2. **Que pensez-vous du message de votre publicité préférée ?**

   What do you think of the message of your favourite advertisement?

   _____

3. **Mon opinion personnelle des publicités et du magazine entier :**

   My personal opinion of the advertisements and the entire magazine:

   _____

ISBN: 978-1-77149-181-5

D. **Exprimez vos réactions au magazine de mode. Ensuite évaluez vos compétences et vos stratégies de lecture.**

Express your reactions to the fashion magazine. Then evaluate your reading skills and strategies.

Je pense que les publicités sont très persuasives parce que les images sont attirantes.

I think the advertisements are very persuasive because the pictures are appealing.

Mes réactions au magazine de mode :

1. Je pense que _____

_____

2. Je me sens que _____

Mes compétences et mes stratégies de lecture	✔ Oui	✘ Non
Je peux lire à haute voix de manière naturelle. I can read aloud in a natural manner.	◯	◯
Je peux comprendre le texte à l'aide des images. I can understand the text with the help of the pictures.	◯	◯
Je peux répondre aux questions à propos du texte. I can answer questions about the text.	◯	◯
Je peux lire des mots familiers. I can read familiar words.	◯	◯
Je peux exprimer mes réactions et donner mes opinions du texte. I can express my reactions and give my opinions of the text.	◯	◯

Le but et le sens d'un texte
The Purpose and Meaning of a Text

Le but d'un texte
The Purpose of a Text

Reading for the purpose of a text means reading to understand why it was written. This can increase your comprehension and appreciation of a text. A text's purpose(s) depend(s) on its genre.

Les buts

1. *Pour informer*   to inform
2. *Pour persuader*   to persuade
3. *Pour divertir*   to entertain

In this unit, we will revisit the three main purposes and also learn to identify other purposes of familiar text forms, including fictional, informational, and graphic.

Comme nous avons appris en 4ᵉ année, il y a trois buts principaux qu'un texte peut avoir.

As we learned in Grade 4, there are three main purposes a text can have.

Pour décrire
to describe

e.g. *un courriel*
an e-mail

Pour demander
to ask

e.g. *une lettre*
a letter

Pour souhaiter
to wish

e.g. *une carte d'anniversaire*
a birthday card

Pour instruire
to instruct

e.g. *une liste*
a list

Pour diriger
to direct

e.g. *un panneau*
a sign

Pour inviter
to invite

e.g. *une invitation*
an invitation

ISBN: 978-1-77149-181-5

Keep in Mind

Le sens d'un texte
The Meaning of a Text

A text always has an underlying meaning or message that fits its purpose(s).

Strategies for determining meaning:

1. **Lisez à haute voix de manière naturelle**

Make reading aloud sound like spoken language, with appropriate emphasis, expression, and intonation.

2. **Faites des liens linguistiques**

Make connections between French words and expressions and similar English words and expressions to clarify meaning.

3. **Utilisez les structures de language pour déterminer le sens**

Recognize familiar language structures in different contexts and use them to better understand the text.

Le but d'un texte

Trois buts principaux
1. Pour informer
2. Pour persuader
3. Pour divertir

Les stratégies pour déterminer le sens

1. Lisez à haute voix de manière naturelle.
2. Faites des liens linguistiques.
3. Utilisez les structures de language.

e.g.

negative adverbs

Je ne danse pas.

Even if you don't recognize the verb "danse", the "ne... pas..." indicates that the action did not take place.

ISBN: 978-1-77149-181-5

A. Déterminez tous les buts possibles pour chaque type de texte.

Determine all the possible purposes of each type of text.

Les buts :

diriger	informer	instruire
inviter	demander	décrire
persuader	divertir	souhaiter

1. une invitation

Pour : _____

2.  un journal intime
diary

Pour : _____

3.  une carte touristique
map

Pour : _____

4.  une étiquette attachée aux vêtements

Pour : _____

5. un courriel
e-mail

Pour : _____

ISBN: 978-1-77149-181-5

B. Lisez à haute voix la conversation téléphonique écrite dans un roman. Répondez aux questions de compréhension.

Read aloud the telephone conversation written in a novel.
Answer the comprehension questions.

This chart shows you how to read.

La ponctuation	Comment lire	How to read
, virgule	courte pause	short pause
. point	longue pause	long pause
! exclamation	intonation qui tombe	falling intonation
? interrogation	intonation montante	rising intonation

Allo ! Oui, c'est Marie. Oh ! Salut Marc ! … Ça va bien merci, et toi ? … Bien sûr ! J'aimerais bien voir un film plus tard. Je te rencontre devant le cinéma. Veux-tu que j'achète du maïs soufflé ou des bonbons ? … Miam ! Avec du beurre ? … Très bien ! À plus tard !

1. Le ton de voix de Marie est

   A frustré.
   frustrated

   B déprimé.
   depressed

   C amical.
   friendly

   D poli.
   polite

2. À votre avis, quelle est la relation entre Marc et Marie ?
   In your opinion, what is the relationship between Marc and Marie?

   _____

3. Qu'est-ce que Marc et Marie discutent ?
   What are Marc and Marie discussing?

   _____

4. Quel est le but du texte ?
   What is the purpose of the text?

   Pour **souhaiter / instruire / demander**

C. Lisez le texte et répondez aux questions.

Read the text and answer the questions.

C'est mon entrée de journal intime.
This is my diary entry.

Cher journal,

Je viens d'écrire une lettre de remerciement à mon amie, Tessa, qui fait un voyage en France. Elle a envoyé un paquet a mon adresse hier. J'ai très hâte de l'ouvrir aujourd'hui parce que c'est le jour de mon anniversaire !

J'ouvre l'enveloppe et dans la carte elle a écrit, « Bonne fête Clara ! » Sur la carte, elle a dessiné deux filles qui dansent le ballet. Nous aimons beaucoup la danse. J'ouvre mon cadeau et il y a une surprise énorme : Un T-shirt orange en coton avec une image d'une girafe qui danse au milieu. Je l'adore !

Milles bises,

Clara

1. ## Listez des mots qui sont similaires en français et en anglais.
   List some words that are similar in French and English.

   _____ (_____)
       French   English

2. ## Quel est le but de l'entrée de journal intime écrite par Clara ?
   What is the purpose of the diary entry written by Clara?

   _____

ISBN: 978-1-77149-181-5

D. Répondez aux questions à propos de l'entrée de journal intime à la page précédente.

Answer the questions about the diary entry on the previous page.

Lisez encore l'entrée de journal intime. Faites attention aux mots similaires pour clarifier le sens.

Read the diary entry again. Pay attention to the similar words to clarify meaning.

1. Comment est-ce que les mots similaires vous aident à déterminer le but du texte ?

   How do the similar words help you determine the purpose of the text?

   _____

2. Quel est le message principal que Clara communique dans l'entrée de journal intime ?

   What is the main message Clara is communicating in the diary entry?

   _____

3.

   Dessinez une image pour illustrer le texte.

   Draw a picture to illustrate the text.

Clara

15

La forme et le style
Form and Style

La forme
Form

Form refers to the type of text you are reading. There are many types of texts. In this unit, you will learn to identify familiar text forms, including fictional, informational, and graphic, by recognizing their characteristics and stylistic elements.

Les caractéristiques des formes de texte
Characteristics of Text Forms

Un manuel scolaire
Textbook

- *une table de matières*
  a table of contents

- *des chapitres ou des sections*
  chapters or sections

- *des paragraphes avec des rubriques*
  paragraphs with rubrics

- *des grilles, des diagrammes*
  charts, diagrams

- *des légendes d'images*
  captions

Un article du journal / du magazine
Newspaper / magazine article

- *phrase du thème ou du sujet*
  statement of theme or topic

- *des photographies, des illustrations*
  photographs, illustrations

- *des légendes d'images*
  captions

- *un titre, des sous-titres*
  title, subheadings

- *le nom de l'auteur*
  author's name

un récit du voyage
Travel log

- *un ordre chronologique*
  chronological order

- *des descriptions de l'expérience et des points d'intérêts*
  descriptions of experience and key sites

- *des cartes, des illustrations, des photographies*
  maps, illustrations, and photographs

une histoire
a story

- *des descriptions des personnages et du lieu* descriptions of characters and setting
- *un problème ou un conflit* a problem or a conflict
- *une résolution* a resolution

ISBN: 978-1-77149-181-5

Le style
Style

There are four major text styles. Each text form fits into one or more of these styles.

Les styles de texte
Text Styles

Narratif Narrative
- *des marqueurs de temps* time markers
- *des personnages* characters
- *des événements* events

Explicatif Expository
- *des explications* explanations
- *des verbes à l'infinitif* verbs in the infinitive
- *des étapes dans un processus* steps in a process

Descriptif Descriptive
- *des descriptions* descriptions
- *des adjectifs* adjectives
- *des traits physiques ou de personnalité* physical or personality traits

Persuasif Persuasive
- *une thèse* thesis
- *des arguments, des raisons, des preuves* arguments, reasons, evidence

La forme

Form refers to the type of text being read or discussed.

To identify the form, first determine the textual characteristics.

Le style

Four major text styles:
1. narratif
2. explicatif
3. descriptif
4. persuasif

Ce livre est un cahier. C'est explicatif.
This book is a workbook. It is expository.

ISBN: 978-1-77149-181-5

A. Lisez le texte. Répondez aux questions.

Read the text. Answer the questions.

Le sorcier[1] et le monde[2] magique[3]

Il était une fois dans un pays lointain[4], un sorcier qui s'appelle Lucas est né. Ses parents et ses amis sont humains, alors Lucas se sent tout seul[5] dans le monde.

Mais un jour, il rencontre[6] une belle sorcière qui s'appelle Julie. Elle dit à Lucas qu'elle vient[7] d'un monde magique et qu'il peut y aller avec elle. Lucas est en conflit[8]. Il ne veut pas quitter ses parents, mais il veut trouver de l'acceptation et de la joie.

Il demande l'opinion de sa mère. Elle lui explique qu'il devrait aller avec Julie pour en découvrir[9] plus chez lui-même[10]. Lucas décide d'aller au monde magique avec Julie. Il est très heureux.

1. sorcerer	2. world	3. magical
4. faraway	5. alone	6. meets
7. comes from	8. conflicted	9. discover
10. himself		

1. Quels éléments stylistiques se trouvent dans le texte ?

   What stylistic elements are found in the text?

   _____

   _____

   _____

2. La forme du texte est _____ .

3. Le style du texte est _____ .

4. Le sens du texte est _____

   _____

ISBN: 978-1-77149-181-5

B. Lisez le texte. Répondez aux questions.

Read the text. Answer the questions.

Trouvez des mots similaires en français et en anglais pour vous aider à lire le texte.

Find similar words in French and English to help you read the text.

Carte Postale

Cher Jean-Marc,

Je suis à Montréal ! Je reste dans un hôtel sur la rue St. Denis pendant deux semaines avec mes parents.

Le premier jour, j'ai mangé une poutine énorme. Il y avait des frites, de la sauce brune, et du fromage en grains. J'attache une photo pour toi.

J'adore la cuisine montréalaise !

À bientôt !

Alain

Jean-Marc Ménard

123 Smith St.

Toronto, Ontario

Alain

1. Quels éléments stylistiques se trouvent dans le texte ?

   des étapes / des événements / des descriptions

2. La forme du texte est _____ .

3. Les styles du texte sont _____ .

4. Qu'est-ce qu'Alain fait dans la photographie ?
   What is Alain doing in the photograph?

   _____

5. Qu'est-ce qu'Alain adore ?
   What does Alain love?

   _____

ISBN: 978-1-77149-181-5

C. Lisez le texte. Répondez aux questions.

Read the text. Answer the questions.

Faire pousser une graine

Une expérience scientifique

Les étapes :

1. Remplir le pot en argile avec de la terre. *clay*

2. Creuser un trou dans la terre. *dig*

3. Planter les graines dans la terre.

4. Arroser les graines. *water*

Les matériaux :

- un sachet de graines (de tournesol, d'autres fleurs, etc.)
- de la terre
- un pot en argile
- une petite pelle
- de l'eau

1. *Quels sont les éléments stylistiques qui se trouvent dans le texte ?*

un conflit / des étapes dans un processus /

des descriptions / des verbes à l'infinitif

2. La forme du texte est _____ .

3. Le style du texte est _____ .

4. Comment est-ce que le texte est organisé ?
   How is the text organized?

_____

_____

ISBN: 978-1-77149-181-5

D. **Lisez le texte. Répondez aux questions.**

Read the text. Answer the questions.

Examinez l'image pour vous aider à comprendre le texte.
Examine the picture to help you understand the text.

Le mercredi 6 janvier 2020

La Gazette du Québec

Une étudiante de Toronto gagne le 1ᵉ prix !

Dominique Skanes, étudiante de Toronto gagne le 1ᵉ prix !

Dominique Skanes de Toronto gagne le 1ᵉ prix dans le concours d'orthographe international ! C'est une victoire pour Dominique et le Canada. Elle a préparé pour un an, et elle était très enthousiaste d'y participer.

Sa mère, son père, et son frère sont tous allés pour la soutenir.

Dominique a gagné le concours avec 100 points. Après le concours, Dominique et sa famille sont allés à un restaurant pour célébrer sa victoire.

1. **Quels sont des éléments stylistiques qui se trouvent dans le texte ?**
   What are some stylistic elements found in the text?

   _____

   _____

2. **Quelle est la forme du texte ?**

   _____

3. **Quels sont les styles du texte ?**

   _____

4. **Pourquoi est-ce que Dominique est dans le journal ?**
   Why is Dominique in the newspaper?

   _____

ISBN: 978-1-77149-181-5

16

Le vocabulaire
Vocabulary

Le vocabulaire
Vocabulary

In this unit, you will expand your French vocabulary. We will learn French words for numbers, weather, seasons, and parts of the body.

Les chiffres
Numbers

0	zéro		
1	un	11	onze
2	deux	12	douze
3	trois	13	treize
4	quatre	14	quatorze
5	cinq	15	quinze
6	six	16	seize
7	sept	17	dix-sept
8	huit	18	dix-huit
9	neuf	19	dix-neuf
10	dix		

* Numbers from 22 and up have a hyphen before digits 2 – 9.

20	vingt
30	trente
40	quarante
50	cinquante
60	soixante

21	vingt et un
31	trente et un
41	quarante et un
51	cinquante et un
61	soixante et un

22	vingt-deux
32	trente-deux
42	quarante-deux
52	cinquante-deux
62	soixante-deux

Le temps
Weather

For weather words that are adjectives, "Il fait" always precedes them. For weather words that are verbs, conjugate them the same way as regular verbs.

Il fait...

chaud	hot
froid	cold
beau	nice
mauvais	bad
nuageux	cloudy
du vent	windy
du soleil	sunny

Il...

pleut	raining
neige	snowing
gèle	freezing

Il fait beau aujourd'hui.
It is nice out today.

ISBN: 978-1-77149-181-5

Les saisons

Seasons

Au printemps In the spring

En été In the summer

En automne In the fall

En hiver In the winter

Les parties du corps

Parts of the Body

la tête the head

les oreilles

le nez

les yeux

la bouche

le cou

le dos the back

les épaules the shoulders

les coudes the elbows

le ventre the stomach

les mains the hands

les doigts the fingers

les genoux the knees

les jambes the legs

les orteils the toes

les pieds the feet

Le vocabulaire

Expand your French vocabulary by keeping track of the new words you learn.

Les chiffres

Keep a French number chart and try memorizing the numbers by counting regularly.

Le temps

Weather words can be adjectives or verbs. "Il fait" precedes the adjectives while "il" precedes the verbs.

"Temps" is masculine, which is why we use "il".

ISBN: 978-1-77149-181-5

A. Lisez chaque phrase et écrivez le chiffre sur la ligne.

Read each sentence and write the number on the line.

> *Utilisez la grille à la page 112 pour écrire les chiffres en mots.*
>
> *Use the chart on page 112 to write the numbers in words.*

1. Marie a **10** _____ ans cette année.

2. Il y a **51** _____ bonbons dans le sachet.

3. Le grand-père de Stéphanie a **65** _____ ans.

4. Quand Kelvin a **28** _____ ans, il veut être médecin.

5. Antoine a vu le film **3** _____ fois.

6. La sœur de Meghan a **23** _____ ans.

7. Matthieu aime manger **2** _____ pommes chaque journée.

8. Mélanie a assez d'argent pour acheter **7** _____ chocolats.

9. Jean-Pierre fait partie d'une équipe de soccer avec **9** _____ autres garçons.

ISBN: 978-1-77149-181-5

B. Remplissez les tirets avec les bons mots.

Fill in the blanks with the correct words.

arbres　　été　　manteau　　soleil　　fleurs

nuageux　　neige　　pleut　　vent　　lunettes

vent　　natation　　chaud　　froid

hiver　　automne　　printemps

1. François joue dehors en _____ .　Il fait _____ , alors il fait de la _____ .　Il fait du _____ , donc Anne porte des _____ de soleil.

2. Marc joue dehors en _____ . Il fait _____ , alors il porte un _____ et une tuque. Il _____ aussi, alors il fait un bonhomme de neige.

3. Lynne joue dehors en _____ . Il fait _____ et du _____ , donc les feuilles tombent des _____ .

4. Joanne joue dehors au _____ .　Elle plante des _____ . Elle pense qu'elles vont pousser parce qu'il _____ . Il fait du _____ , donc elle porte une veste.

ISBN: 978-1-77149-181-5

C. Remplissez les tirets avec les mots de saison. Ensuite remplissez la grille avec les mots de vêtements et de sports qui se trouvent dans les phrases.

Fill in the blanks with season words. Then fill in the chart with the clothing and sports words found in the sentences.

Développez votre vocabulaire et reliez des mots de vêtements et de sports avec les saisons.

Expand your vocabulary and connect clothing and sports words with the seasons.

1. Richard porte un T-shirt blanc quand il joue au baseball et au tennis en _____ .

2. En _____ , j'adore regarder les joueurs de hockey à la patinoire, mais ils doivent porter des mitaines parce qu'il fait froid.
   mittens

3. En _____ , l'école commence. D'habitude, je joue au badminton après l'école.

4. Je porte des bottes en caoutchouc et un imperméable jaune au _____ à cause de la pluie.

5. En _____ , je vais à la plage avec mon meilleur ami pour faire de la natation. Je porte un maillot de bain quand je nage.

Les vêtements

_____

_____

_____

_____

_____

Les sports

_____

_____

_____

_____

_____

ISBN: 978-1-77149-181-5

D. Écrivez les parties du corps et le nom de chaque animal.

Write the body parts and name of each animal.

Utilisez un dictionnaire si vous ne connaissez pas les noms des animaux.

Use a dictionary if you do not know the names of the animals.

Les noms des animaux :

A _____ B _____

C _____ D _____

La révision 3 :
La lecture

La révision

- Les stratégies de compréhension à lecture
- La compréhension à lecture
- Le but et le sens d'un texte
- La forme et le style
- Le vocabulaire

Les stratégies de compréhension à lecture

A. Lisez le texte « Une journée avec Joanne Saphire ! » dans le magazine de mode. Répondez aux questions.

1. Lisez le texte et regardez l'image. Que pensez-vous est le sujet du texte ?

   _____

   _____

2. Quelle est la forme du texte ?

   _____

3. Quel est le style ?

   _____

4. En se basant sur l'image, que pensez-vous est la carrière de Joanne Saphire ?

   career

   _____

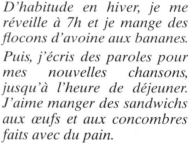

Une journée avec Joanne Saphire !

D'habitude en hiver, je me réveille à 7h et je mange des flocons d'avoine aux bananes.

Puis, j'écris des paroles pour mes nouvelles chansons, jusqu'à l'heure de déjeuner. J'aime manger des sandwichs aux œufs et aux concombres faits avec du pain.

En après-midi, je fais du ski avec mon mari. Je l'aime beaucoup. Avant l'heure de dîner, je fais une promenade dans la neige avec mon chien blanc.

Souvent pour le dîner, j'adore manger de la bisque de homard et de la tarte à la citrouille. Avant de dormir, je lis des romans graphiques.

ISBN: 978-1-77149-181-5

B. Lisez encore le texte et répondez aux questions pendant la lecture.

1. Encerclez les mots qui sont similaires à l'anglais en orthographe et en sens.

   habitude   hiver

   bananes   réveille

   homard   ski

   pain   adore

   promenade   romans

   graphique   beaucoup

2. Est-ce que ces mots vous aident à lire le texte ?

   Oui / Non

   Expliquez : _____

   _____

3. Qui est l'auditoire du texte ?

   _____

4. Pourquoi ?

   _____

La compréhension à lecture

C. Répondez aux questions à propos de l'article à la page précédente.

1. Pourquoi est-ce que Joanne écrit des paroles ?

   _____

2. Qu'est-ce que Joanne fait avec son mari ?

   _____

3. Est-ce que vous pensez que les repas de Joanne sont sains ? Pourquoi ?
   healthy

   _____

   _____

4. Quel repas de Joanne préférez-vous ? Pourquoi ?
   meal

   _____

   _____

ISBN: 978-1-77149-181-5

D. Écrivez un article à propos d'une journée dans votre vie. Dessinez une image de vous-même.

Une journée avec _____

D'habitude, je me réveille à ___h ___ et je mange _____ . Puis, je _____ .

J'aime manger _____ pour le déjeuner. En après-midi, je _____ avec _____ . Avant l'heure de dîner, je _____ . Pour le dîner, j'aime manger _____ . Je dors à ___h___ .

Le but et le sens d'un texte

E. Lisez le texte et répondez aux questions.

1. Quelle est la forme du texte ?

   _____

2. Quel est le style du texte ?

   _____

3. Quel est le but du texte ?

   _____

4. Qu'est-ce que c'est le sens du texte ? Quel est le message ?

   _____

   _____

À	:	camille@pop.com
De	:	lucie@pop.com
Sujet	:	Fête d'anniversaire

Chère Camille,

Je veux t'inviter à ma fête d'anniversaire le vendredi 20 mars à 18h30. Nous allons manger de la pizza, de la crème glacée, et du gâteau au chocolat ! Nous allons jouer beaucoup de jeux, et après tu peux coucher chez moi ! Est-ce que tu peux venir ?

Bises,
Lucie

ISBN: 978-1-77149-181-5

La forme et le style

F. Lisez le texte et répondez aux questions.

1. Quels sont les éléments stylistiques du texte ?

    _____

    _____

2. Quelle est la forme du texte ?

    _____

3. Quel est le style ?

    _____

4. Quel est le but ?

    _____

5. Quel est le message ?

    _____

G. Écrivez tous les styles de chaque forme de texte.

Ⓐ La forme : _____

Le(s) style(s) : _____

Ⓑ La forme : _____

Le(s) style(s) : _____

Ⓒ La forme : _____

Le(s) style(s) : _____

Ⓓ La forme : _____

Le(s) style(s) : _____

ISBN: 978-1-77149-181-5

Le vocabulaire

H. Lisez chaque phrase et écrivez le chiffre sur la ligne.

1. Ma mère a **42** _____ ans aujourd'hui.

2. Je plante **21** _____ fleurs dans mon jardin.

3. Meghan a **64** _____ livres chez elle.

4. Ma tante a **37** _____ fleurs dans son jardin.

5. Il y a **19** _____ étudiants dans ma classe.

6. J'ai **10** _____ pointes de pizza à partager.

I. Remplissez les tirets avec les bons mots de temps.

1. Marcelle joue dehors parce qu'il fait du _____ .

2. Cléo porte un imperméable jaune quand il _____ .

3. Je reste chez moi parce qu'il fait _____ dehors.

4. Tu portes un T-shirt quand il fait _____ .

pleut   mauvais
soleil   chaud
vent   beau
nuageux

5. Je fais froid quand il fait du _____ en automne.

6. Il fait _____ aujourd'hui, donc je vais à la plage.

7. Je suis triste parce qu'il fait _____ , alors je ne peux pas voir le soleil.

ISBN: 978-1-77149-181-5

J. **Complétez les phrases avec les mots de saison. Ensuite remplissez la grille avec les mots de vêtements et de sports qui se trouvent dans les phrases.**

1. En _____ , il fait chaud et du soleil, donc tu portes un short et un T-shirt.

2. En _____ , vous jouez au basketball après l'école.

3. En _____ , je joue au hockey à la patinoire. Je porte des gants.

4. Au _____ , nous jouons au soccer. Nous portons des souliers à crampons.

Les vêtements

_____

_____

_____

_____

Les sports

_____

_____

_____

K. **Remplissez les tirets avec les bonnes parties du corps.**

1. Jennifer porte un casque sur sa _____ quand elle fait du roller.

2. Elle porte des patins à roulettes sur ses _____ .

3. Elle porte des genouillères sur ses
   knee pads
   _____ .

4. Elle porte des protège-coudes sur ses
   elbow pads
   _____ .

5. Elle porte un pantalon sur ses _____ .

Jennifer

ISBN: 978-1-77149-181-5

ISBN: 978-1-77149-181-5

Section IV

L'écriture
Writing

This section prepares students for writing simple texts in French by choosing their purpose, audience, form, and style, as well as learning French spelling rules and writing simple sentences. The section culminates with students following the writing process to write their own text in French. They are encouraged to read their writing aloud to help solidify their French pronunciation.

ISBN: 978-1-77149-181-5

Le but et l'auditoire d'un texte

The Purpose and Audience of a Text

Le but d'un texte

The Purpose of a Text

As discussed in Unit 14, the purpose of a text is the reason why it was written. Before writing a text, it is important to determine your purpose to keep your writing clear and concise.

Les trois buts principaux des textes

1. ***Pour informer*** To inform
2. ***Pour persuader*** To persuade
3. ***Pour divertir*** To entertain

> As discussed, there are many other purposes, but these three are the most common.

Déterminez votre but :

Before writing, ask yourself what goals you want to achieve. You can write a text to achieve one or more goals, such as writing a letter to a friend to wish him or her well, and to inform your friend of something important.

> *Je vais écrire une lettre à mon ami pour lui remercier d'avoir m'aider avec mon projet.*
>
> *I will write my friend a letter to thank him for helping me with my project.*

ISBN: 978-1-77149-181-5

Keep in Mind

L'auditoire d'un texte

The Audience of a Text

The audience of a text is for whom the text is written.

Once you have determined the purpose(s) of your writing, you will either know the intended audience or you decide whom to write to in order to accomplish your purpose(s).

e.g.

Texte :	*Une affiche de film*
Le but :	*Pour informer*
	Pour persuader
L'auditoire :	*Les personnes qui aiment ce genre de film*

Below are three strategies you can use when choosing your purpose(s) and audience(s) for your writing.

1 *Think about the situation you are in or the occasion for writing.*

2 *Ask yourself what you want to achieve in your writing.*

3 *Ask yourself for whom you are writing.*

Le but d'un texte

Why a text is written

Les trois buts principaux :
- pour informer
- pour persuader
- pour divertir

L'auditoire d'un texte

For whom the text is written

The audience should fulfill the purpose of your text.

ISBN: 978-1-77149-181-5

A. Déterminez le but du texte que vous allez écrire pour chaque situation ou occasion.

Determine the purpose of the text you will write for each situation or occasion.

1.

> *Vous êtes en vacances pendant deux semaines. Vous écrivez une carte postale. Votre but est…*

(A) de partager vos sentiments.
share   feelings

(B) de décrire vos préférences.
describe

(C) de décrire votre voyage.

2. Vous êtes dans le club de journalisme à l'école. Vous écrivez un article. Votre but est…

(A) de raconter une histoire à propos
tell
de votre enfance.
childhood

(B) d'informer vos camarades de classe
classmates
à propos des événements à l'école.
events

(C) de souhaiter bon anniversaire à un ami.
wish

3. L'anniversaire de votre tante s'approche. Vous écrivez une carte d'anniversaire. Votre but est…

(A) de souhaiter les meilleurs vœux à
votre tante.   wishes

(B) d'élaborer un arbre familial.
draw up

(C) de raconter une plaisanterie.
joke

ISBN: 978-1-77149-181-5

B. Déterminez l'auditoire du texte auquel vous allez écrire pour chaque situation ou occasion.

Determine the audience of the text to whom you will write for each situation or occasion.

1. Vous voulez montrer qui est votre arrière-grand-père avec
   great-grandfather
   un arbre familial. Votre auditoire est…

   (A) vos amis.

   (B) votre famille.

   (C) vos camarades de classe.

2. Vous voulez décrire vos loisirs et vos activités parascolaires
   extracurricular
   dans une nouvelle ville. Votre auditoire est…

   (A) votre frère.

   (B) votre oncle.

   (C) vos amis à distance.

3. Vous voulez raconter une histoire qui fait rire comme un
   projet à l'école. Votre auditoire est…

   (A) vos camarades de classe.

   (B) votre mère.

   (C) votre meilleur ami.

ISBN: 978-1-77149-181-5

C. Planifiez et écrivez une carte de souhaits à la personne de votre choix pour atteindre le but de votre choix.

Plan and write a greeting card to the person of your choice to achieve the purpose of your choice.

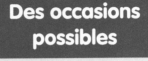

Des occasions possibles

un anniversaire

une fête

un mariage

une réussite
achievement

un rétablissement
get well/recovery

une invitation

1.

Quelle est l'occasion pour votre carte de souhaits ?
What is the occasion for your greeting card?

_____

2. Quel est le but de votre carte de souhaits ?

_____

3. Qui est l'auditoire de votre carte de souhaits ?

_____

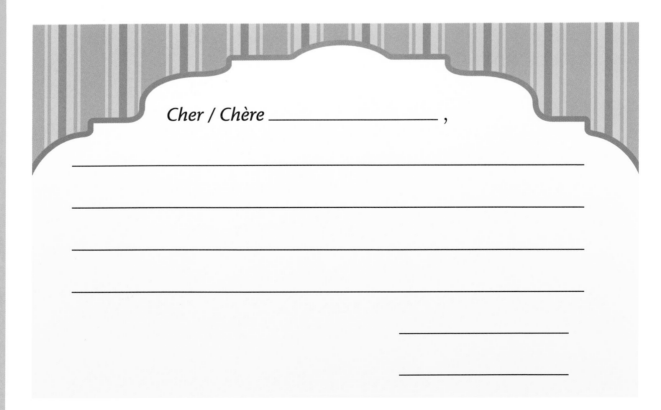

Cher / Chère _____ ,

_____

_____

_____

_____

_____

_____

ISBN: 978-1-77149-181-5

D. Planifiez et écrivez une carte postale à la personne de votre choix pour atteindre le but de votre choix.

Plan and write a postcard to the person of your choice to achieve the purpose of your choice.

Faites semblant que vous êtes en vacances dans un autre pays.

Pretend you are on vacation in another country.

1. En quel pays êtes-vous ? Pour combien de semaines restez-vous dans ce pays ?

   Which country are you in? For how many weeks are you in this country?

   _____

2. Quel est le but de votre carte postale ?

   What is the purpose of your postcard?

   _____

3. À qui écrivez-vous ?

   To whom are you writing?

   _____

Cher / Chère _____ ,

_____

_____

_____

Carte Postale

_____

_____

_____

18

La forme et le style
Form and Style

La forme et le style
Form and Style

In Unit 15, we learned how to identify various text forms and styles. In this unit, we will focus on the application of these concepts in your writing.

> *Rappelez-vous que la forme est le type de texte, pendant que le style est le genre auquel il correspond.*
>
> *Remember that the form is the type of text while the style is the genre it fits into.*

La forme

une nouvelle
a news article

une description
a description

une courte histoire
a short story

une publicité
an advertisement

Le style

explicatif
expository

descriptif
descriptive

narratif
narrative

persuasif
persuasive

Remember that some text forms can fit into more than one style.

ISBN: 978-1-77149-181-5

Keep in Mind

Les stratégies pour choisir une forme et un style

Strategies for Choosing a Form and a Style

1 *Determine your purpose and audience. These will affect the form and style you choose.*

2 *Choose the text form that will achieve your purpose and reach your intended audience.*

3 *Determine what style your text form fits into. This will help guide your writing and keep it clear and focused.*

4 *Write down the characteristics and stylistic elements associated with your chosen form and style. Make sure you include those elements in your writing.*

5 *You are ready to write your chosen text!*

La forme et le style

The form is the type of text you are writing and the style is the genre it fits into.

Les quatre styles principaux :

1. Explicatif
2. Descriptif
3. Narratif
4. Persuasif

e.g. Une nouvelle peut être explicatif, narratif, et descriptif en même temps.

A newspaper article can be expository, narrative, and descriptive at the same time.

Je veux écrire à propos des singes au zoo. La forme de mon texte est un article, et les styles sont explicatifs et descriptifs.

ISBN: 978-1-77149-181-5

A. Identifiez le(s) style(s) d'écriture de chaque forme d'écriture.

Identify the writing style(s) of each form of writing.

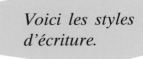

Voici les styles d'écriture.

1.  un arbre familial

   _____

2. une carte de souhaits

   _____

Les styles

- descriptif
- explicatif
- narratif
- persuasif

3.  un poème à propos des fleurs

   _____

4. un compte rendu de livre
   book review

   _____

5.  un article à propos d'un événement

   _____

6.  un courriel à propos d'un voyage au Mexique

   _____

ISBN: 978-1-77149-181-5

B. **Vous êtes sur le conseil des élèves à votre école. Organisez un événement pour recueillir des fonds pour une œuvre de charité. Écrivez un prospectus pour attirer vos camarades de classe à venir.**

You are on the student council at your school. Organize an event to raise money for a charity. Write a flyer to attract your classmates to come.

Faites un remue-méninges avant d'écrire.

1.

Remue-méninges des idées pour une œuvre de charité	Des idées pour un événement

2. Quels sont les styles d'écriture ?
   What are the writing styles?

   _____

3. Écrivez le prospectus. Dessinez une image.
   Write the flyer. Draw a picture.

   L'œuvre de charité : _____

   L'événement : _____

   Le lieu : _____

   La date : _____

   L'heure : _____

   Le message : _____

   _____

L'écriture | Writing

C. Répondez aux questions et écrivez le texte.

Answer the questions and write the text.

1.

> *Quelle forme de texte devez-vous utiliser pour identifier et présenter à votre classe les membres de votre famille ?*
>
> *What form of text should you use to identify and present the members of your family to your class?*

un poème / un arbre familial / un essai

2. Déterminez les styles d'écriture de cette forme de texte.

Determine the writing styles of this text form.

_____

3. Faites un remue-méninges pour écrire cette forme de texte.

Brainstorm ideas to write this text form.

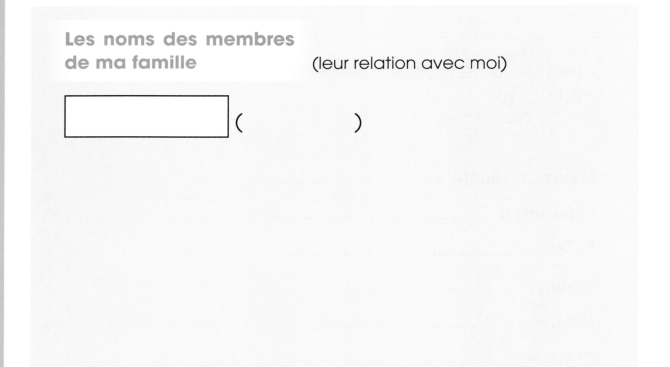

Les noms des membres de ma famille

(leur relation avec moi)

[   ] (   )

ISBN: 978-1-77149-181-5

D. Écrivez votre arbre familial en utilisant votre remue-méninges à la page précédente.

Write your family tree using your brainstormed ideas on the previous page.

Recherchez en ligne pour des exemples des arbres familiaux. Demandez de l'aide à vos parents.

Research online for examples of family trees. Ask your parents for help.

Mon arbre familial

ISBN: 978-1-77149-181-5

Les règles d'orthographe
Spelling Rules

Les règles d'orthographe
Spelling Rules

Every language has its own spelling rules. In this unit, we will learn spelling abbreviations and basic sounds along with their related spelling patterns. We will also learn some resources and strategies to help us spell French words.

 ## Les abréviations des titres honorifiques

In French, as in English, there are shorter versions of honorific words. These are words used to address people in writing.

Le mot (*L'abréviation*)

Monsieur (*M.*)
Madame (*Mme*)
Mademoiselle (*Mlle**)
Professeur (*Prof.*)

> Je m'appelle
> Mme Labelle.

* Mlle is typically used for a young unmarried woman, but it is up to a woman whether to be called Mme or Mlle.

Listen to the audio clip online for the pronunciation of these words.
19.1

ISBN: 978-1-77149-181-5

Quick Reference Guide

La prononciation et l'orthographe

Learning spelling patterns and the sounds they make can help you spell words.

19.2

Le son	L'orthographe
ahn	*ce*n*tre, pa*n*talon, pla*n*che, ja*mb*e*
ehn	*m*oi*ns, p*ei*nture, b*ai*n, alp*in*
ohn	*t*om*ber, b*on*, l*on*gue, mais*on*
uhn	**un**, br*un*
r	*fe*r*, ti*r*, mu*r*, *r*a*r*e, fai*r*e*

Les règles d'orthographe

The French language has its own specific spelling rules.

1 Abbreviations of honorifics

e.g. Monsieur Girard
M. Girard

2 Pronunciation and spelling patterns

e.g. Le son « ohn » :
t**om**ber, mais**on**

D'autres ressources

Other resources can be used to verify spelling in your writing. These are some useful tools.

Resources:

- A dictionary
- Your personal vocabulary lists
- Textbook indexes

These resources will provide you with the spelling, meaning, gender, and usage of words.

ISBN: 978-1-77149-181-5

A. Regardez les images. Remplissez les tirets avec les titres honorifiques appropriés.

Look at the pictures. Fill in the blanks with the appropriate honorifics.

A _____ Cynthia est une bonne étudiante. Elle est très intelligente.

student

Oui ?

B J'ai demandé à _____ Roche de m'aider avec mes devoirs.

C Mes voisins, _____ et _____ Tremblant, sont très gentils. Ils me donnent un bonbon chaque jour.

Ha ha !

D Mon professeur, _____ Éric, est strict mais il est drôle aussi.

E Ma mère m'appelle _____ Claire quand je fais quelque chose mauvaise.

ISBN: 978-1-77149-181-5

B. Écoutez l'extrait sonore en ligne. Remplissez les tirets avec les bons groupes de lettres pour compléter les mots.

Listen to the audio clip online. Fill in the blanks with the correct groups of letters to complete the words.

les sons
« ahn » et « ehn »

-em

-an

-am

-oi

-ei

-ain / -aim

-in

-en

1. gr____d

2. pr____dre

3. ____f____t

4. Al____

5. l____nt____

6. b____gnoire

7. bi____

8. quar____te

9. j____bon

10. f____

11. p____

12. mat____

13. chi____

14. ____ployé

15. ____bitieux

16. requ____

17. m____

18. l____n

19. j____be

20. s____n

21. r____plir

22. s____té

23. s____ge

24. or____ge

25. ch____ge

ISBN: 978-1-77149-181-5

C. Écoutez l'extrait sonore en ligne. Remplissez les tirets avec les bons groupes de lettres pour compléter les mots.

Listen to the audio clip online. Fill in the blanks with the correct groups of letters to complete the words.

les sons « ohn », « uhn », et « r »

-om   -on   -un   -r

1. Suzie est un beau n___ .

2. Luc le bébé a ___ an cette année.

3. Je p___ends l'autobus à l'école.

4. Nous sommes très b___s au hockey.

5. Je ne dis pas de mens___ges.
   lies

6. Cette blague me fait ___i___e chaque
   fois que je l'entends.
   hear

7. ___ega___dez le ga___ç___ là.

8. Les personnages principaux t___bent
   fall
   amou___ eux.

9. M___ pè___e est ___ p___pier .
   fireman

10.    J'ado___e m___ chat br___ .

ISBN: 978-1-77149-181-5

D. Développez vos habilités d'orthographe. Employez un dictionnaire pour remplir les boîtes. Dessinez une image de chaque mot.

Develop your spelling abilities. Use a dictionary to fill in the boxes.
Draw a picture of each word.

À côté de chaque mot dans le dictionnaire sont les lettres « NF » pour « nom féminin » et « NM » pour « nom masculin ».

Next to each word in the dictionary are the letters "NF" for "feminine noun" and "NM" for "masculine noun".

French Dictionary

1. **cheville**

Traduction anglaise

Genre

2. **collier**

Traduction anglaise

Genre

3. **bague**

Traduction anglaise

Genre

4. **soulier**

Traduction anglaise

Genre

5. **lunettes**

Traduction anglaise

Genre

6. **montre**

Traduction anglaise

Genre

ISBN: 978-1-77149-181-5

Section

IV

20

Les phrases simples
Simple Sentences

Les phrases simples
Simple Sentences

In this unit, we will build upon basic sentence structures learned in Grade 4.

In Grade 4, we learned this sentence structure:

sujet ⊕ **verbe** ⊕ **objet direct**

e.g. Lucie fait un gâteau.
   Lucie makes a cake.

A direct object follows a transitive verb in a sentence. It answers the question "who" or "what".

e.g. Jim remplit la tasse.
   Jim fills the cup.

An indirect object usually follows a direct object in a sentence and includes a preposition.

It answers the question "to whom", "for whom", or "for what".

sujet ⊕ **verbe** ⊕ **objet direct** ⊕ **objet indirect**

e.g. Marc chante une chanson pour Amélie.
   Mark sings a song for Amelia.

The indirect object is not necessary for a sentence to make sense. It is also dependent on the direct object.

The direct object is necessary after a transitive verb. Without it, the sentence does not make sense.

ISBN: 978-1-77149-181-5

Les compléments de lieu et de temps

Location and Time Complements

In Grade 4, we learned this sentence structure:

sujet + verbe + 🏠 **complément de lieu**

e.g. Il | chante | dans la douche.
He sings in the shower.

Now, we will learn the following:

sujet + verbe + objet direct + 🏠 **complément de lieu**

e.g. Jim | voit | un chien | au parc.
Jim sees a dog at the park.

sujet + verbe + ⏰ **complément de temps**

e.g. Jean | couche | à 20h.
Jean sleeps at 8:00 p.m.

sujet + verbe + objet direct + ⏰ **complément de temps**

e.g. Alice | mange | un biscuit | à 17h.
Alice eats a cookie at 5:00 p.m.

You should also be able to add an indirect object between the direct object and the location or the time complement. Try using both a location and a time complement in the same sentence.

Les phrases simples

The most basic sentence consists of a subject and a predicate (intransitive verb).

e.g. Il couche.
He sleeps.

sujet + verbe + objet direct + objet indirect + complément de lieu + complément de temps

e.g.

Paul marche son chien pour sa mère au parc à 16h45.

Je lis un livre à ma sœur chez nous à 20h.

A. **Déterminez si les mots en gras sont des objets directs ou indirects. Cochez les bons cercles.**

Determine whether the words in bold are direct or indirect objects. Check the correct circles.

> *Faites attention au placement des mots dans les phrases.*
> *Pay attention to the placement of the words in the sentences.*

	objet direct	objet indirect
1. Sally fait **du ski**.	◯	◯
2. Léo promène **son chien** à 18h.	◯	◯
3. Juliette emprunte **des livres** de la bibliothèque.	◯	◯
4. Camille donne un cadeau à **son ami** à sa fête.	◯	◯
5. Nous parlons **à nos amis**.	◯	◯
6. Chantal entend **le téléphone** sonner.	◯	◯
7. Léa demande sa professeure pour **un dictionnaire**.	◯	◯
8. Clément trouve les clés pour **sa mère**.	◯	◯

> Sometimes, indirect objects follow the preposition "à" or "pour" when there is no direct object.
>
> e.g. Nous parlons à **nos parents**. ⟵ indirect

ISBN: 978-1-77149-181-5

B. Trouvez et écrivez l'objet direct et l'objet indirect. **Ensuite traduisez chaque phrase en anglais.**

Find and write the direct object and indirect object.
Then translate each sentence into English.

	objet direct	objet indirect

1. Lola cueille des fleurs pour sa mère. _____ _____

2. Matilde lance un ballon à Zoé. _____ _____

3. Noland donne une lettre à Margaux. _____ _____

4. Rafael étudie ses notes pour son examen. _____ _____

5. Gaspard passe la balle à Julien. _____ _____

6. Lucie envoie une carte à Jean. _____ _____

In English

Utilisez un dictionnaire !

1. _____

2. _____

3. _____

4. _____

5. _____

6. _____

C. Complétez chaque phrase avec le bon complément de lieu ou de temps.

Complete each sentence with the correct location or time complement.

Les compléments

à 7h30
à 15h30
à 20h45
à 8h

au magasin   à l'école
à l'hôpital   au parc
à la patinoire

1. Augustin joue au hockey avec Dorian

   _____ .

2. Timothée joue sur la balançoire

   _____ .

3. Nassime retourne chez lui _____ .

4. L'ambulance amène l'invalid _____ .

5. Myriam achète de nouveaux vêtements

   _____ .

6. Je mange mon petit déjeuner _____ .

7. Guillaume dort dans son lit _____ .

8. Lou-Anne étudie pour son examen _____ .

9. Ryan prend une douche _____ .

ISBN: 978-1-77149-181-5

D. Répondez aux questions avec les éléments de phrase indiqués.

Answer the questions with the indicated sentence elements.

1. Quand est-ce que tu dors chaque nuit ?

When do you go to sleep each night?

Je _____ dors _____ .

subject   verb   time complement

2. Qu'est-ce que tu fais cette fin de semaine ?

What are you doing this weekend?

Je _____ fais / joue _____ .

subject   verb   direct object

3. Qu'est-ce tu fais à l'école ?

What do you do at school?

Je _____ .

subject   verb   direct object   indirect object

4. Auxquels sports joues-tu et quand ?

What sports do you play and when?

Je _____ .

subject   verb   direct object   time complement

5.

Qu'est-ce que tu fais avec ton/ta meilleur(e) ami(e) ?

What do you do with your best friend?

_____

subject   verb   direct object   indirect object

_____

location complement   time complement

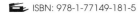 ISBN: 978-1-77149-181-5

Le processus d'écriture

The Writing Process

Le processus d'écriture

The Writing Process

It is important to follow a process when writing, especially in a new language, to ensure your writing is clear, concise, and free of common mistakes.

Suivez ces cinq étapes pour créer une pièce d'écriture :

Follow these fives steps to create a piece of writing:

1 **Planifiez** Plan

> *Plan before you write. Brainstorm ideas for your text form, style, purpose, and audience. Below are strategies for this step.*

- *Ask relevant people questions about your interest.*

- *Use books or the Internet to get more information.*

- *Use a graphic organizer or mind map to organize your ideas.*

2 **Écrivez le brouillon initial** Write Your Rough Draft

After planning your text, write the first draft. It does not need to be perfect at this stage. Below are strategies for this step.

- *Reread, rethink, and use teacher and peer feedback to determine a way to present your information.*

- *Add anything you may have missed in your brainstormed ideas.*

ISBN: 978-1-77149-181-5

3 *Révisez* Edit

Rewrite your first draft to make sure paragraphs, sentences, and word choices clearly communicate your intentions.

Points of revision include:

- *adding or removing information based on feedback from others.*
- *using an editing checklist to revise your work.*

4 *Relisez* Proofread

Proofread your text for any remaining grammatical errors. Strategies include:

- *using a dictionary to ensure correct spelling.*
- *ensuring correct gender and number usage.*
- *ensuring correct verb tenses are used.*

5 *Écrivez la bonne copie*
Write the Good Copy

Write and type the final copy of your text. Add pictures to enhance it and add any headings or subheadings. Finally, read it to someone.

Le processus d'écriture

Use this checklist to write clearly and concisely in French.

1. Planifiez.
2. Écrivez le brouillon initial.
3. Révisez.
4. Relisez.
5. Écrivez la bonne copie.

ISBN: 978-1-77149-181-5

A. Planifiez un texte descriptif à propos de votre famille. Complétez les tâches suivantes.

Plan a descriptive text about your family. Complete the following tasks.

Utilisez votre liste de vocabulaire et un dictionnaire français-anglais pour vous aider.

Use your vocabulary list and a French-English dictionary to help you.

- Quel est votre sport préféré ?
- Quel est votre repas préféré ?
- Qui est votre acteur/actrice préféré(e) ?

membre de famille

sport préféré

repas préféré

acteur préféré

moi-même
_____

Ⓐ _____

Ⓑ _____

Ⓒ _____

Listez deux adjectifs pour décrire chaque membre de votre famille.

List two adjectives to describe each of your family members.

Ⓐ _____
_____

Ⓑ _____
_____

Ⓒ _____
_____

ISBN: 978-1-77149-181-5

B. Écrivez le brouillon initial de votre texte. Dessinez chaque membre de famille dont vous écrivez.

Write the rough draft of your text. Draw each family member about whom you are writing.

La forme du texte : _____

Le style du texte : _____

Titre : _____

Nom : _____

_____
_____
_____
_____

Nom : _____

_____
_____
_____
_____

Nom : _____

_____
_____
_____
_____

C. Utilisez la liste de contrôle pour la rédaction pour corriger le texte suivant et votre propre texte.

Use the proofreading checklist to correct the following text, as well as your own text.

Ma famille

Mon mère, sophie, es très beau ? Elle aimes faire

du patinage. Ma père, éric, sont drôle. Il aime le

hockey et la soccer. Ma sœur, anne, est gentilles.

Elle danseons au

ballet.

Anne

Les symboles de la rédaction :

animaux
~~animals~~ – spelling error

s∧ – insert word / letter

x̶ – remove word / letter

a^A – upper / lower case letter

Liste de contrôle pour la rédaction		Je les ai verifiés ✔.
Points à réviser	Exemple	
Les articles	Un, une, des, le, la, l', les	
Les verbes	La bonne conjugaison	
Les noms	Le bon genre (m./f.) et nombre (s./pl.)	
Les adjectifs	L'accord en genre et en nombre	
	L'orthographe, la ponctuation, la capitalisation, etc.	

ISBN: 978-1-77149-181-5

D. Écrivez la bonne copie de votre rapport de famille.

Write the final copy of your family report.

C'est la dernière étape ! Assurez-vous qu'il n'y a pas d'erreurs dans la bonne copie.

This is the last step! Ensure that there are no errors in the final copy.

_____

_____

_____

_____

_____

_____

_____

_____

La révision 4 :
L'écriture

La révision

- Le but et l'auditoire d'un texte
- La forme et le style
- Les règles d'orthographe
- Les phrases simples
- Le processus d'écriture

Le but et l'auditoire d'un texte

A. **Déterminez le but du texte que vous allez écrire pour chaque situation.**

1. Votre professeur vous fait écrire un compte rendu de vos vacances d'été. Votre but est…

    Ⓐ de décrire vos vacances d'été.

    Ⓑ de souhaiter bon anniversaire à votre professeur.

    Ⓒ d'informer vos parents de vos devoirs.

2. Votre professeur vous fait écrire un compte rendu d'une histoire. Votre but est… book report

    Ⓐ d'élaborer un arbre familial.

    Ⓑ d'écrire une histoire.

    Ⓒ de donner votre opinion personnelle de l'histoire.

ISBN: 978-1-77149-181-5

B. **Déterminez l'auditoire du texte que vous allez écrire pour chaque situation ou occasion.**

1. Vous voulez décrire votre fête d'anniversaire dans votre journal intime. Votre auditoire est…

   (A) votre frère ou sœur.

   (B) vous-même.

   (C) votre professeur.

2. Dans un courriel, vous voulez inviter votre ami(e) chez vous pour une fête. Votre auditoire est…

   (A) votre mère.

   (B) vous-même.

   (C) votre ami(e).

La forme et le style

C. **Identifiez le(s) style(s) d'écriture de chaque forme d'écriture.**

Les styles

descriptif   explicatif   narratif   persuasif

1.  un guide horaire télé

   _____

2. une affiche de marketing

   _____

3.  un manuel scolaire

   _____

4. une biographie

   _____

ISBN: 978-1-77149-181-5

Les règles d'orthographe

D. Regardez les images. Remplissez les tirets avec les titres honorifiques appropriés.

Ⓐ Je pense que ma voisine, _____ Vallé, est très vieille.

Ⓑ Sur mon bulletin scolaire, mon professeur m'a appelé _____ Margaret.

Ⓒ La mère de mon ami, _____ Richelieu, est très polie.

Ⓓ Aujourd'hui, j'ai rencontré _____ Lachapelle, le patron de mon père.

E. Écoutez l'extrait sonore en ligne. Remplissez les tirets avec les bons groupes de lettres pour compléter les mots.

R 4.1

| Les sons « ahn » et « ehn » | -em -an -am -oi -ei |
| | -ain / -aim -in -en |

1. l____t

2. soix____te

3. r____

4. ____bitieuse

5. f____

6. m____songe

7. p____

8. par____t

9. bi____

10. fond____t

11. tr____

12. mam____

13. d____t

14. sol____l

15. v____x

ISBN: 978-1-77149-181-5

F. Écoutez l'extrait sonore en ligne. Remplissez les tirets avec les bons groupes de lettres pour compléter les mots.

Les sons « ohn », « uhn », et « r »   -om -on -un -r

1. J'ai demandé à ma mère et elle a dit n____ .

2. Tu empr____tes des livres à la bibliothèque.

3. Est-ce que je peux pa____ler avec toi ?

4. Pouvez-vous m'ent____dre ?

5. Ça c'est m____ livre préfé____é .

6. Ton oncle est ____ p____pier ?

7. Ma sœur et moi allons à ____ musée aujou____d'hui avec nos pa____ents .

G. Employez un dictionnaire pour remplir les boîtes. Dessinez une image de chaque mot.

chaussure

┌Traduction anglaise┐ ┌Genre┐

bijoux

┌Traduction anglaise┐ ┌Genre┐

Les phrases simples

H. Complétez chaque phrase avec les éléments de phrase indiqués.

Les objets

| au soccer | mon professeur |
| les dinosaures | ma sœur |

Les compléments

🕐 à 16h45
à 9h15

🏠 au musée
chez nous

1. Je regarde _____ avec ma classe
    direct object
    _____ à 9h45.
    location complement

2. Nous jouons _____ avec notre équipe au parc
    direct object
    _____ .
    time complement

3. J'écris mon examen pour _____ à l'école
    indirect object
    _____ .
    time complement

4. Je joue à cache-cache avec _____
    indirect object
    _____ .
    location complement

I. Répondez aux questions avec les éléments de phrase indiqués.

1. Qu'est-ce que tu fais aujourd'hui ?

    Je ___ fais / joue _____ .
    subject   verb   direct object

2. À qui parles-tu au téléphone ?

    _____
    subject   verb   direct object   indirect object

3. Qu'est-ce que tu fais avec ta famille ?

    _____
    subject   verb   direct object   indirect object   location complement

ISBN: 978-1-77149-181-5

Le processus d'écriture

J. **Planifiez un texte descriptif à propos de vos amis. Complétez les tâches suivantes.**

Mon ami(e)	jeu préféré	dessert préféré	livre préféré
moi-même			
A			
B			

Écrivez un adjectif pour décrire chacun de vos amis.

A _____   **B** _____

Écrivez un paragraphe à propos de vos amis. Dessinez une image de vous et vos amis ensemble.

Mes ami(e)s

ISBN: 978-1-77149-181-5

Le français en pratique
French in Practice

It is time to put the French you have learned into practice! In this section, you will practise the grammatical concepts you have learned, and continue to develop and apply your listening, speaking, reading, and writing skills. You will listen to and read texts and complete activities to test your French skills while having fun at the same time.

ISBN: 978-1-77149-181-5

Le français en pratique
French in Practice

Les stratégies pour compléter les unités suivantes :

Strategies for completing the following units:

Relisez les leçons

Reread the tutorial pages from each unit to review concepts and rules.

Pratiquez les concepts

Complete any exercises you have not yet completed. Go over the exercises again.

Apprenez de vos erreurs

Correct the mistakes you made in the previous units to see where and why you went wrong.

Utilisez vos ressources

Use your vocabulary lists, Quick Reference Guides, Keep in Mind charts, Checklists, and verb conjugation charts.

Utilisez vos stratégies d'écoute

Review Units 8 and 9 for listening comprehension strategies.

ISBN: 978-1-77149-181-5

Utilisez vos stratégies de lecture
Review Units 12 and 13 for reading comprehension strategies.

Continuez à parler en français
Speak French at any opportunity.

Continuez à lire en français
Try to read without using translations as much as possible.

Développez votre vocabulaire
Continue adding to your vocabulary lists and try using words in different contexts.

Utilisez un dictionnaire
A French-English dictionary is an essential tool for learning French.

Mettez en pratique ce que vous avez appris ainsi que ces stratégies.
Put what you have learned along with these strategies into practice.

Pratique 1 : **Une chanson**

A. Lisez le titre de la chanson et complétez un remue-méninges à propos de son sujet.

Read the title of the song and brainstorm ideas about its subject.

> *Think about the weather, holidays, and activities of each season of the year.*

Titre :

Les saisons de l'année

Au printemps
In spring

En été
In summer

En automne
In fall

En hiver
In winter

ISBN: 978-1-77149-181-5

B. Écoutez les paroles du premier vers de la chanson. Répondez aux questions.

Listen to the lyrics of the first verse of the song. Answer the questions.

P 1.1

Les saisons de l'année

En hiver,

Quand tout est blanc,

J'aime faire du ski

Avec mon frère.

Try associating the months and actions with the picture to help you determine meaning in each verse.

1. Quel est le but de la chanson ?
   What is the purpose of the song?

   _____

2. Quel est le sujet de la chanson ?
   What is the subject of the song?

   _____

3. Quel sport est-ce que le narrateur aime faire en hiver ?
   What sport does the narrator like to do in winter?

   _____

4. Qu'est-ce que « tout est blanc » veut dire ? Comment est-ce que c'est relié à l'hiver ?
   What does "tout est blanc" mean? How is it related to winter?

   _____

C. Écoutez les paroles du deuxième vers de la chanson. Répondez aux questions.

Listen to the lyrics of the second verse of the song. Answer the questions.

P 1.2

Au printemps,

Je plante des fleurs,

Pour ma mère

Et ma grande sœur.

1. Trouvez l'objet direct et les objets indirects dans le vers.

   Find the direct object and the indirect objects in the verse.

   L'objet direct :

   _____

   Les objets indirects :

   _____

   _____

2. Qu'est-ce que l'auteur aime faire au printemps ?

   What does the author like to do in spring?

   _____

   _____

   Pour qui ?
   For whom?

   _____

3. Qu'est-ce que vous aimez faire au printemps ?

   What do you like to do in spring?

   _____

4. Comment est-ce que l'image vous aide à déterminer le sens du vers ?

   How does the picture help you determine the meaning of the verse?

   _____

 ISBN: 978-1-77149-181-5

D. **Écoutez les paroles du troisième vers de la chanson. Répondez aux questions.**

Listen to the lyrics of the third verse of the song. Answer the questions.

En été,

Quand il fait très beau,

J'aime jouer dehors,

Sur la terre et dans l'eau.

1.

Quelles sont les prépositions dans le vers ?

What are the prepositions in the verse?

_____

2. Pourquoi est-ce que l'auteur aime jouer dehors ?

Why does the author like to play outside?

_____

_____

3. Quelle est la structure des rimes ?

What is the rhyme structure?

ABAB   ABCC   ABCB   ABBC

4. Qu'est-ce que vous aimez faire en été ?

What do you like to do in summer?

_____

_____

ISBN: 978-1-77149-181-5

Pratique 1 Une chanson

E. Écoutez les paroles du quatrième vers de la chanson. Répondez aux questions.

Listen to the lyrics of the fourth verse of the song. Answer the questions.

En automne,

Quand les feuilles changent de couleur,

J'aime aller à l'école

Avec mon frère et ma sœur.

1. Quels sont les verbes dans ce vers et qu'est-ce qu'ils veulent dire ?
   What are the verbs in this verse and what do they mean?

Les verbes	Les traductions anglaises

2. Pourquoi est-ce que l'école est importante en automne ?
   Why is school significant in fall?

3. Quels d'autres événements se prennent lieu en automne ?
   What other events take place in fall?

ISBN: 978-1-77149-181-5

F. **Écoutez les paroles de la chanson entière. Écrivez la structure des rimes dans les cercles. Ensuite répondez à la question.**

Listen to the lyrics of the whole song. Write the rhyme structure in the circles. Then answer the question.

P 1.5

Les saisons de l'année

la structure des rimes

1.

En hiver, (A)

Quand tout est blanc, ○

J'aime faire du ski ○

Avec mon frère. ○

Au printemps, ○

Je plante des fleurs, ○

Pour ma mère ○

Et ma grande sœur. ○

En été, ○

Quand il fait très beau, ○

J'aime jouer dehors, ○

Sur la terre et dans l'eau. ○

En automne, ○

Quand les feuilles changent de couleur, ○

J'aime aller à l'école ○

Avec mon frère et ma sœur. ○

2.

Encerclez les mots qui riment dans la même couleur pour chaque vers.

Circle the words that rhyme in the same colour for each verse.

Votre opinion _____

_____

ISBN: 978-1-77149-181-5

Pratique 2 : **Une carte postale**

A. Lisez le début de la carte postale. Répondez aux questions.

Read the beginning of the postcard. Answer the questions.

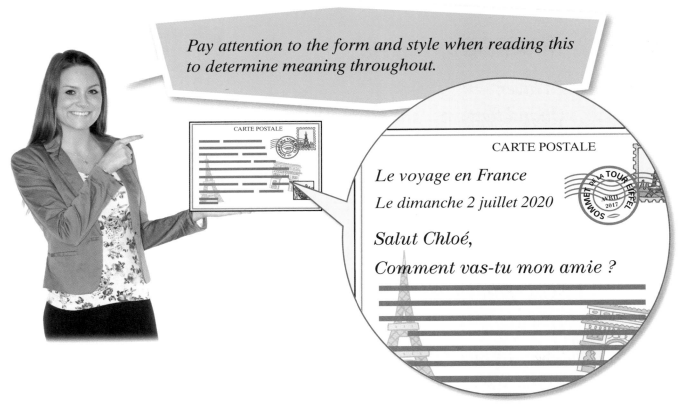

Pay attention to the form and style when reading this to determine meaning throughout.

CARTE POSTALE

Le voyage en France
Le dimanche 2 juillet 2020

Salut Chloé,
Comment vas-tu mon amie ?

1. Quelle est la forme du texte ?
   What is the form of the text?

   _____

2. Quel est le style ?
   What is the style?

   _____

3. Quel est le sujet du texte ?
   What is the subject of the text?

   _____

   _____

4. Quels sont les buts du texte ?
   What are the purposes of the text?

   _____

   _____

   _____

   _____

ISBN: 978-1-77149-181-5

B. Lisez le premier paragraphe de la carte postale. Encerclez les bonnes réponses.

Read the first paragraph of the postcard. Circle the correct answers.

> *Moi, je suis à Aix-en-Provence. Ma famille reste en France pendant une semaine. Là, je mange des calissons d'Aix ! Voici une photo de ce biscuit délicieux. Il est jaune et sucré. Miam !*

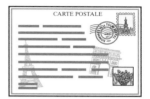

Calissons d'Aix

1. **Combien de temps est-ce que l'amie de Chloé reste en France ?**
   How long is Chloé's friend staying in France?

   un jour / sept jours / un mois / deux semaines

2. **Qu'est-ce que c'est un calisson ?**
   What is a calisson?

   un gâteau / un bonbon / un chocolat / un biscuit

3. **Comment est-ce que l'amie de Chloé décrit le calisson ?**
   How does Chloé's friend describe the calisson?

   délicieux / mauvais / jaune / sucré

4.
   > *Où est la ville d'Aix-en-Provence en France ? Cherchez-la en ligne.*
   > *Where is the city of Aix-en-Provence in France? Search online.*

   Au sud-est / Au nord-est / Au sud-ouest

C. Lisez le deuxième paragraphe de la carte postale et répondez aux questions de compréhension.

Read the second paragraph of the postcard and answer the comprehension questions.

C'est parfait parce que c'est le début de juillet. En juillet, il y a une grande surprise formidable : la lavande à Forcalquier. Voici une photo de la lavande violette et parfumée.

Ceci est une photo de la lavande.
This is a picture of lavender.

Questions :

1. Quelle est la surprise qui est décrite dans le paragraphe ?
   What is the surprise described in the paragraph?

2. Où est-ce que l'amie voit la lavande ?
   Where does the friend see the lavender?

3. Dans quel mois est-ce qu'il y a de la lavande ?
   In which month is there lavender?

4. Quels sont les adjectifs utilisés pour décrire la lavande ?
   What are the adjectives used to describe the lavender?

5. Qu'est-ce que les mots veulent dire ?
   What do the words mean?

   Ⓐ « parfumée »

   Ⓑ « parfait »

Réponses :

1. _____

2. _____

3. _____

4. _____

5. Ⓐ _____

   Ⓑ _____

ISBN: 978-1-77149-181-5

D. Lisez la carte postale entière. Dessinez une image de votre partie préférée de l'histoire. Ensuite décrivez-la.

Read the whole postcard. Draw a picture of your favourite part of the story. Then describe it.

CARTE POSTALE

Le voyage en France
Le dimanche 2 juillet 2020

Salut Chloé,

Comment vas-tu mon amie ?

Moi, je suis à Aix-en-Provence. Ma famille reste en France pendant une semaine. Là, je mange des calissons d'Aix ! Voici une photo de ce biscuit délicieux. Il est jaune et sucré. Miam !

C'est parfait parce que c'est le début de juillet. En juillet, il y a une grande surprise formidable : la lavande à Forcalquier. Voici une photo de la lavande violette et parfumée.

Tu me manques beaucoup !

À bientôt quand je suis de retour au Canada.

Ton amie,
Océanne

35 Pine Road

Toronto

Ontario

L5N 2W7

Canada

Ma partie préférée de l'histoire :
My favourite part of the story:

_____

_____

_____

_____

_____

ISBN: 978-1-77149-181-5

Pratique 2 Une carte postale

E. Imaginez que vous êtes Chloé et que vous visitez la communauté franco-ontarienne à Ottawa en Ontario. Planifiez votre visite.

Imagine you are Chloé and you are visiting the Franco-Ontarian community in Ottawa, Ontario. Plan your visit.

Le plan pour mon voyage :
The plan for my trip:

> It is a good idea to research the French community in Ottawa, Ontario to help you plan your visit.

1. La date d'arrivée The date of arrival

_____

2. La durée de la visite The length of the visit

_____

3. La date de retour The return date

_____

4. Qui vient avec moi ? Who is coming with me?

_____

5. Les sites touristiques Tourist attractions

_____

6.  Ma liste d'emballage My packing list

- _____

- _____

- _____

- _____

- _____

ISBN: 978-1-77149-181-5

F. Écrivez une carte postale pour votre amie, Océanne. Révisez-la et écrivez la bonne copie sur votre ordinateur.

Write a postcard for your friend, Océanne. Edit it and write the final copy on your computer.

CARTE POSTALE

Titre : _____

La date : _____

Salut Océanne,

_____

_____

_____

_____

_____

_____

_____

À bientôt !

Chloé

Dessinez une image de votre voyage.

Draw a picture of your trip.

Ottawa, Ontario

Pratique 3 : **Une histoire**

A. Regardez le titre et l'image sur la couverture du texte. Répondez aux questions.

Look at the title and picture on the cover of the text. Answer the questions.

La bravoure et la bonté

1. La forme du texte est :

   (A) un documentaire

   (B) un conte de fée

   (C) un roman graphique

2. Le style du texte est :

   (A) narratif

   (B) descriptif

   (C) persuasif

3. Qu'est-ce que vous pensez est le sujet du texte ?

   What do you think is the subject of the text?

   _____

4.

Pourquoi ?

   _____

   _____

ISBN: 978-1-77149-181-5

B. Lisez le début du conte de fée et répondez aux questions de compréhension et de vocabulaire.

Read the beginning of the fairy tale and answer the comprehension and vocabulary questions.

Il y a très longtemps, la princesse Hélène est prisonnière dans un château.

Le château est gardé par un dragon.

1. Trouvez le mot français dans l'histoire pour le relier avec sa traduction anglaise.

   Find the French word in the story to match with its English translation.

   a dragon _____   a prisoner _____

   a princess _____   long time _____

   a castle _____   guarded _____

2. Qui est la prisonnière ?

   Who is the prisoner?

   _____

3. Qui garde le château ?

   Who guards the castle?

   _____

C. Lisez la suite du conte de fée et répondez aux questions à propos du personnage principal.

Read the next part of the fairy tale and answer the questions about the main character.

P 3.2

La princesse est brave et gentille.

Mais elle est triste aussi.

Elle rêve d'être sauvée par un prince.

1. Comment est-ce que l'auteur décrit la princesse ?

_____

2. Pourquoi est-ce que la princesse est triste ?

_____

3. De quoi est-ce que la princesse rêve ?

_____

4. Prédisez ce qui va arriver à la prochaine partie.

_____

English Translation

1. How does the author describe the princess?
2. Why is the princess sad?
3. What does the princess dream of?
4. Predict what will happen in the next part.

ISBN: 978-1-77149-181-5

D. Lisez la suite du conte de fée et répondez aux questions.

Read the next part of the fairy tale and answer the questions.

Un jour, Prince Horace arrive pour sauver la princesse.

Je veux la princesse !

Il est gentil et brave.
Il veut sauver la princesse.

Il défie le dragon à une bataille.

1. Trouvez l'objet direct et l'objet indirect dans la phrase, « Il défie le dragon à une bataille ».

Find the direct object and the indirect object in the sentence.

L'objet direct

L'objet indirect

2. Comment est-ce que Princesse Hélène et Prince Horace sont similaires ?

How are Princess Hélène and Prince Horace similar?

_____

3.

Pourquoi est-ce que Prince Horace veut batailler le dragon ?

Why does Prince Horace want to fight the dragon?

_____

ISBN: 978-1-77149-181-5

Pratique 3 Une histoire

E. Lisez la suite du conte de fée et répondez aux questions à propos du personnage principal.

Read the next part of the fairy tale and answer the questions about the main character.

1. Pourquoi est-ce que la princesse ne veut pas que le prince et le dragon se battent ?

Why does the princess not want the prince and the dragon to fight?

_____

2. Qu'est-ce que vous pensez de la décision de la princesse ?

(A) Je suis d'accord avec elle.

(B) Je ne suis pas d'accord avec elle.

(C) Je ne sais pas.

3. La décision de la princesse prouve qu'elle

(A) a peur.

(B) est contente.

(C) est brave.

ISBN: 978-1-77149-181-5

F. Lisez la fin du conte de fée. Répondez aux questions à propos de la résolution et de la fin.

Read the ending of the fairy tale. Answer the questions about the resolution and the end.

1. Pourquoi est-ce que le dragon est touché ?

   _____

   Why is the dragon touched?

2. Qu'est-ce que c'est la morale du conte de fée ?

   _____

   What is the moral of the fairy tale?

3. Quelle est votre partie préférée du conte de fée ?

   _____

   What is your favourite part of the fairy tale?

4. Qui est votre personnage préféré ?

   la princesse / le prince / le dragon

   Who is your favourite character?

5. Quelle est votre opinion du conte de fée ?

   _____

   What is your opinion of the fairy tale?

   _____

ISBN: 978-1-77149-181-5

ISBN: 978-1-77149-181-5

Section I

1 Les noms et les pronoms
Nouns and Pronouns

A.
1. m. ; ils
2. m. ; ils
3. f. ; elles
4. f. ; elles
5. f. ; elles
6. f. ; elles
7. m. ; ils

B.
1. ils
2. elles
3. elles
4. ils ne font pas la pêche.
5. ils aiment le film.

C.
A: Nous allons au cinéma ce soir.
B: Elles portent des robes jaunes.
C: Vous êtes heureuses.
D: Ils jouent au basketball.
E: Ils chantent des chansons.
F: Nous sommes au magasin.
G: Vous partez en vacances aujourd'hui.

D.
1. nous ; vous ; nous
2. vous ; nous
3. nous ; vous ; nous ; nous

2 Les adjectifs
Adjectives

A.
1. A: grands ; grande ; grandes
      noirs ; noire ; noires
   B: petits ; petite ; petites
      jolis ; jolie ; jolies
   C: rouges ; rouge ; rouges
      bleus ; bleue ; bleues
   D: forts ; forte ; fortes
      violets ; violette ; violettes
   E: intelligents ; intelligente ; intelligentes
      verts ; verte ; vertes
2. A: grand ; noir
   B: petite ; jolie
   C: rouges ; bleus
   D: forte ; violette
   E: intelligent ; vert

B.
1. f. ; m.
   m. ; f.
   f. ; m.
   m. ; f.
   f. ; m.
   f. ; m.
   f. ; m.
   m. ; f.
2. légère
3. clair
4. froide
5. gentil
6. bonne
7. mauvaise
8. rond

C.
1. roses
2. bons
3. orange
4. chaude
5. effrayants
6. vertes
7. aimables
8. violette
9. ennuyeux
10. impatients
11. intéressant
12. petites ; contentes

D.
1. m. ; s. ; A
2. m. ; s. ; E
3. m. ; pl. ; C
4. m. ; pl. ; A
5. m. ; s. ; D
6. f. ; s. ; E
7. f. ; s. ; A

3 Les verbes
Verbs

A.
A: sont ; sont
B: sommes ; sommes
C: sommes ; sont
D: sont ; sont
E: êtes ; êtes

B.
1. C
2. E
3. I
4. H
5. B
6. G
7. D
8. F
9. A
10. J

C.
1. avez
2. ont
3. avons
4. avons
5. sont
6. êtes
7. sont
8. sommes

D.
aimons ; aimez ; aiment ; aiment
aimons ; demandent ; pensez ; répliquent ; gagnent ; défient ; jouons ; marquons ; possèdent

4 Les verbes à l'infinitif présent
Verbs in the Direct Infinitive

A.
1. finir
2. cuisiner
3. choisir
4. perdre
5. manger
6. parler
7. courir
8. aider
9. apprendre

B.
1. faire
2. porter
3. organiser
4. rester
5. manger
6. demander

C.
1. Thomas et Lilliah
2. Marc et Liz
3. Olivier
4. Ophélie
5. Jean
6. Suzanne

D.
1. attraper
2. perdre
3. acheter
4. sauter
5. manger
6. prendre
7. sentir
8. étudier

Réponses Answers

5 La négation
Negation

A. 1. Le chien n'aime pas les os.
2. Nous ne sommes pas heureux aujourd'hui.
3. Ils ne mangent pas de crème glacée.
4. Elle n'aime pas l'acteur dans le film.
5. Les filles ne vont pas au magasin demain.
6. Les filles n'achètent pas de nouveaux vêtements.

B. 1. n'aime pas la danse
2. ne mange pas de poisson
3. ne jouent pas au golf
4. ne sommes pas prêts à partir
5. ne donnent pas de cadeaux aux enfants

C. 1. plus   2. rien
3. pas encore   4. plus
5. pas   6. personne

D. 1. de   2. la   3. de
4. le   5. d'   6. les
7. la   8. de

6 Les prépositions
Prepositions

A. 1. derrière   2. en dessous
3. à côté de   4. au dessus
5. dans ; sous   6. loin ; près

B. 1. Le lapin est à côté de la fleur. ; Le singe est dans l'arbre.
2. Le chat est sur le réfrigérateur. ; Le chien est sur la table.
3. Mme Labelle est entre David et Lucie.
4. Le tableau est derrière nous. ; La terre est en dessous de nous.

C. 1. au   2. À l'   3. à la
4. à la   5. aux   6. du
7. des   8. des   9. de l'
10. des

D. 1. avant   2. Depuis   3. Après
4. pendant   5. après   6. pour
7. pendant   8. avant

7 Les questions
Questions

A. 1. C   2. F   3. D
4. H   5. B   6. A
7. G   8. E

B. formelle : A ; B ; F ; H
informelle : C ; D ; E ; G

C. 1. Pourquoi   2. De quelle couleur
3. Quand   4. À quelle heure
5. De quelle couleur   6. Pourquoi
7. À quelle heure   8. Quand

D. 1. Q: De quelle couleur sont-ils tes yeux ?
R: (Individual answer)
2. Q: Pourquoi aimes-tu regarder les films ?
R: (Individual answer)
3. Q: À quelle heure est-ce que tu te réveilles ?
R: (Individual answer)
4. Q: Quand est-ce que tu joues avec tes amis ?
R: (Individual answer)
5. Q: Quel livre est-ce que tu préfères ?
R: (Individual answer)

La révision 1
Revision 1

A. 1. nous   2. Vous   3. ils
4. Nous   5. Vous   6. elles
7. ils

B. 1. grands ; incroyables
2. brune
3. sportives ; rouges
4. amusants
5. meilleures
6. intelligents

C. 1. êtes   2. sommes
3. sont   4. êtes
5. sont   6. sommes

D. 1. ont ; ont   2. avons
3. ai   4. avez
5. as   6. a
7. ont   8. avez

E. 1. entendre   2. nager
3. finir   4. trouver
5. goûter   6. attendre
7. accomplir

F. 1. Je n'aime pas chanter dans le chœur.
2. Nous n'avons pas perdu nos devoirs.
3. Les filles ne jouent pas au soccer ensemble.
4. Les garçons ne courent pas pendant la récréation.
5. Vous n'allez pas à la Tour CN ce vendredi.

ISBN: 978-1-77149-181-5

G. 1. rien   2. pas encore
   3. pas   4. personne
   5. plus

H. 1. à la   2. de la   3. au
   4. des ; au   5. à l' ; de l'

I. 1. avant   2. pour   3. après
   4. après   5. pendant

J. 1. De quelle couleur   2. Quand
   3. Pourquoi   4. Quand
   5. À quelle heure

K. 1. Q: Qu'est-ce que tu penses que tu vas faire ce soir ?
      R: (Individual answer)
   2. Q: De quelle couleur sont tes souliers préférés ?
      R: (Individual answer)
   3. Q: Quand est-ce que tu fais tes devoirs chaque nuit ?
      R: (Individual answer)

Section II

8 Les stratégies de communication orale
Listening Comprehension Strategies

A. 1. Ma journée au musée
   2. Sam
   3. Un journal
   4. La journée de Sam au musée
   5. (Suggested answers)
     Sam va au musée avec ses amis.
     Sam voit les dinosaures.
     Sam voit d'autres expositions.
     Sam s'amuse au musée.

B. 1. A
   2. A ; C ; D
   3. déjeuner ; classe ; argent ; achète ; avant ; après ; regardons ; magnifique ; incroyable ; au ; va

C. 1. Un journal
   2. Narratif
   3. Oui, parce qu'il regarde les dinosaures et les arts, et son ami lui achète un souvenir.

D. lunch ; museum ; class ; stuffed ; happy ; money ; to leave ; forgot ; exhibit ; souvenirs
   1. musée   2. classe
   3. exposition   4. exposition

5. partir   6. souvenirs
7. peluche   8. oublié
9. argent   10. heureux

9 La compréhension orale
Listening Comprehension

A.

B. 1. Il va au musée.
   2. Il va avec sa classe.
   3. L'exposition d'arts
   4. L'exposition de dinosaures
   5. Parce qu'il veut acheté un souvenir.
   6. Parce qu'il aime l'exposition de dinosaures.

C. (Individual answers)

D. (Individual drawing and writing)

10 La prononciation et l'intonation
Pronunciation and Intonation

A. (Suggested answers)

   1. Je dors à 21h du lundi au vendredi *euh //* et à 22h pendant *euh //* la fin de semaine.

   2. Les trois repas que je préfère manger pour le petit déjeuner sont des céréales, *eh bien //* du pain grillé, *c'est-à-dire //* et des œufs.

   3. En été, j'aime porter les couleurs plus vives comme le *eh bien //* *c'est à dire //* rose, le violet, le bleu, et le jaune, *enfin //* *tu sais //* parce qu'il fait du *tu sais //* soleil.

   4. Les trois sports que j'aime jouer sont le soccer, le tennis, *euh //* et le hockey *enfin //* *vous savez //* parce que je joue bien à ces sports.

   5. Je vais regarder un film comique *euh //* avec mon ami André ce vendredi à 19h45 chez moi.

   6. Les étudiants vont en voyage de classe *euh //* au musée *c'est-à-dire //* *enfin //* pour apprendre à propos des dinosaures. *euh //*

B. 1. orale   2. nasale
   3. orale   4. orale
   5. nasale   6. nasale
   7. orale   8. orale
   9. nasale   10. nasale

C. 1. R roulé   2. R non-prononcé
   3. R roulé   4. R roulé
   5. R roulé   6. R roulé
   7. R non-prononcé
   8. R roulé ; R roulé ; R roulé

D.
1. Nous jouons avec nos amis chaque samedi.
2. Voulez-vous nous joindre au café?
3. Aimes-tu les films comiques?
4. J'admire les peintres impressionnistes parce que leurs œuvres d'art sont brillantes.
5. Ils adorent regarder de nouveaux films au cinéma les vendredis.
6. Vous êtes motivés pour courir la course de Terry Fox?

11 Les stratégies de communication orale
Oral Communication Strategies

A. (Individual writing)
B. (Individual writing and drawing)
C.
1. B ; pour éclaircir
2. E ; pour éclaircir
3. C ; pour découvrir
4. A ; pour découvrir
5. D ; pour découvrir
D.
1. A ; C
2. A ; C
3. A ; D

La révision 2
Revision 2

A.
1. Mon match de hockey
2. Ruben
3. Un journal
4. (Suggested answers)
   Ruben joue au hockey.
   Il joue avec ses amis.
   Il gagne le match.
   Il célèbre la victoire.
B. 1. enthousiaste   2. A ; C
C.
1. Un journal
2. Narratif
3. Le match final de hockey
4. Oui, parce qu'il l'a gagné.
D.
1. Il est très fier d'avoir gagné.
2. Parce que Ruben a gagné le match final.
3. Il décrit son équipe comme « incroyable ».
4. Le résultat est 3 buts contre 1.
E. (Individual answers)

F. (Suggested answers)
1. Je fais mes devoirs à environ 18h chaque nuit chez moi parce que je dors après que je les finis. (euh // alors // enfin // vous savez //)
2. J'aime l'exposition de dinosaures au musée parce que c'est éducative et intéressante. (euh // enfin // tu sais //)
3. Nos devoirs sont plus difficiles parce que nous sommes en cinquième année maintenant. (euh // vous savez // c'est-à-dire // enfin //)

G.
1. nasale
2. orale
3. nasale
4. orale
5. nasale
6. nasale
H.
1. R non-prononcé
2. R roulé
3. R roulé
4. R non-prononcé
5. R non-prononcé ; R roulé
6. R roulé ; R roulé
I.
1. J'aime parler à ma meilleure amie parce qu'elle est très drôle.
2. Tu aimes le jeu?
3. Nous allons chez Lucille aujourd'hui à 15h30 pour sa fête d'anniversaire.
J.
pour éclaircir : A ; E
pour découvrir : B ; C ; D
K.
1. B ; C
2. B ; C

Section III

12 Les stratégies de compréhension à lecture
Reading Comprehension Strategies

A.
1. Fashion / in style
2. Winter
3. style ; ensemble ; exercice ; saison
4. (Suggested answers)
   des vêtements d'hiver
   des repas sains
B.
1. chapeau
2. manteau
3. chandail
4. robe
5. bottes
6. pantalon
7. (Suggested answer)
   Les images illustrent le texte, alors ils m'aident à déterminer le sens des mots.
C.
1. La publicité essaie de vendre des vêtements d'hiver.
2. Les mots clés et les images m'aident à déterminer cela.

ISBN: 978-1-77149-181-5

3. C

4. (Individual answer)

D. 1. Le message est de faire des exercices et manger de manière saine pour rester en forme et en chaleur pendant l'hiver.

2. Les repas sont bons après les exercices.

3. (Suggested answer)
Les images illustrent le texte et m'aident à visualiser les activités et les repas.

4. Les activités et les repas sont hivernaux et ils aident les personnes à rester en forme pendant l'hiver.

13 La compréhension à lecture
Reading Comprehension

A. Les vêtements d'hiver : un chandail ; un manteau ; un pantalon ; une robe ; un chapeau ; des bottes
Les activités d'hiver : la boxe ; la danse Zumba ; Wii Sports ; le ski ; le hockey ; la planche à neige ; le patinage
La nourriture saine : des sandwichs aux bananes et au beurre d'arachide ; de la soupe aux légumes ; du chocolat chaud
Les colonnes et les titres m'aident à classer les mots dans des groupes particuliers.

B. (Individual drawing and answer)

C. (Individual answers)

D. (Individual writing)

14 Le but et le sens d'un texte
The Purpose and Audience of a Text

A. 1. inviter ; demander ; informer

2. décrire ; informer ; divertir

3. diriger ; informer ; instruire

4. informer ; instruire ; décrire

5. inviter ; informer ; demander ; divertir ; instruire ; décrire ; souhaiter

B. 1. C

2. Ils sont de bons amis.

3. Ils discutent leur sortie au cinéma.

4. demander

C. 1. lettre ; letter
voyage ; voyage
adresse ; address
anniversaire ; anniversary
carte ; card
enveloppe ; envelope
danse ; dance

ballet ; ballet
surprise ; surprise
formidable ; formidable
T-shirt ; T-shirt
orange ; orange
coton ; cotton
image ; image
girafe ; giraffe

2. Le but est pour décrire son anniversaire et ses cadeaux.

D. 1. Ils m'aident à comprendre le texte.

2. Elle adore ses cadeaux et elle s'amuse le jour de son anniversaire.

3. (Individual drawing)

15 La forme et le style
Form and Style

A. 1. Les caractéristiques sont un début, un milieu, et une fin ; un problème et une résolution ; et des personnages et un lieu.

2. un conte de fée

3. narratif

4. que c'est important d'être content et d'accepter nous-mêmes.

B. 1. des événements ; des descriptions

2. une carte postale

3. narratif et descriptif

4. Il mange de la poutine.

5. Il adore la cuisine montréalaise.

C. 1. des étapes dans un processus ; des verbes à l'infinitif

2. une expérience scientifique

3. explicatif

4. Le texte est organisé par les étapes et les matériaux pour faire pousser une graine.

D. 1. Les éléments stylistiques sont la date, un titre, un sous-titre, une image, une légende d'image, et des colonnes.

2. La forme est une nouvelle.

3. Les styles sont narratif et descriptif.

4. Parce qu'elle vient de Toronto et elle a gagné un concours international.

ISBN: 978-1-77149-181-5

16 Le vocabulaire
Vocabulary

A. 1. dix 2. cinquante et un
3. soixante-cinq 4. vingt-huit
5. trois 6. vingt-trois
7. deux 8. sept
9. neuf

B. 1. été ; chaud ; natation ; soleil ; lunettes
2. hiver ; froid ; manteau ; neige
3. automne ; nuageux ; vent ; arbres
4. printemps ; fleurs ; pleut ; vent

C. 1. été 2. hiver
3. automne 4. printemps
5. été
Les vêtements : un T-shirt ; des mitaines ; des bottes en caoutchouc ; un imperméable ; un maillot de bain
Les sports : le baseball ; le tennis ; le hockey ; le badminton ; la natation

D. 1. les oreilles 2. les yeux
3. le cou 4. la bouche
5. le dos 6. les pieds
7. les jambes 8. la tête
9. le nez 10. les mains
11. le ventre
A: la girafe B: le singe
C: le chat D: l'ours

La révision 3
Revision 3

A. 1. Une description d'une journée dans la vie de Joanne Saphire
2. Un article
3. Narratif
4. Elle est chanteuse.

B. 1. bananes ; promenade ; graphique ; ski ; adore
2. (Individual answer)
3. Les admirateurs de Joanne
4. Parce qu'elle est célèbre.

C. 1. Parce qu'elle est chanteuse.
2. Elle fait du ski avec son mari.
3. Oui, parce qu'ils incluent des fruits et des légumes, mais pas des collations.
4. (Individual answer)

D. (Individual writing and drawing)

E. 1. Un courriel

2. Persuasif
3. Pour inviter Camille à une fête
4. Le texte décrit les activités de la fête pour persuader Camille à venir.

F. 1. Les éléments stylistiques sont une question rhétorique, une image, le lieu, la date, et le prix.
2. Une publicité
3. Persuasif
4. Pour persuader les personnes à venir au lave-auto
5. Les clients peuvent reçevoir un bon prix sur un lave-auto et l'argent va à une œuvre de charité.

G. A: une nouvelle
narratif ; descriptif ; explicatif
B: un roman graphique
narratif ; descriptif
C: un dictionnaire
explicatif ; descriptif
D: un conte de fée
narratif ; descriptif

H. 1. quarante-deux 2. vingt et un
3. soixante-quatre 4. trente-sept
5. dix-neuf 6. dix

I. 1. soleil 2. pleut
3. mauvais 4. chaud
5. vent 6. beau
7. nuageux

J. 1. été 2. automne
3. hiver 4. printemps
Les vêtements : un short ; un T-shirt ; des gants ; des souliers à crampons
Les sports : le basketball ; le hockey ; le soccer

K. 1. tête 2. pieds
3. genoux 4. coudes
5. jambes

Section IV

17 Le but et l'auditoire d'un texte
The Purpose and Audience of a Text

A. 1. C 2. B 3. A
B. 1. B 2. C 3. A
C-D. (Individual answers and writing)

ISBN: 978-1-77149-181-5

18 La forme et le style
Form and Style

A. 1. explicatif
2. descriptif ; explicatif ; persuasif
3. descriptif ; narratif
4. descriptif ; explicatif ; persuasif
5. descriptif ; explicatif ; persuasif
6. descriptif ; explicatif ; narratif

B. (Individual answers and drawing)

C. 1. un arbre familial
2. explicatif, descriptif
3. (Individual writing)

D. (Individual writing and drawing)

19 Les règles d'orthographe
Spelling Rules

A. A: Mlle   B: M.
C: M. ; Mme   D: M.
E: Mlle

B. 1. an   2. en   3. en ; an
4. ain   5. oi ; ain   6. ai
7. en   8. an   9. am
10. aim   11. ain   12. in
13. en   14. em   15. am
16. in   17. ain   18. oi
19. am   20. oi   21. em
22. an   23. in   24. an
25. an

C. 1. om   2. un
3. r   4. on
5. on   6. r ; r
7. R ; r ; r ; on   8. om ; r
9. on ; r ; un ; om
10. r ; on ; un

D. 1. ankle ; féminin ; (Individual drawing)
2. necklace ; masculin ; (Individual drawing)
3. ring ; féminin ; (Individual drawing)
4. shoe ; masculin ; (Individual drawing)
5. glasses ; féminin ; (Individual drawing)
6. watch ; féminin ; (Individual drawing)

20 Les phrases simples
Simple Sentences

A. 1. objet direct   2. objet direct
3. objet direct   4. objet indirect
5. objet indirect   6. objet direct
7. objet indirect   8. objet indirect

B. 1. des fleurs ; sa mère
2. un ballon ; Zoé
3. une lettre ; Margaux
4. ses notes ; son examen
5. la balle ; Julien
6. une carte ; Jean
1. Lola picks flowers for her mother.
2. Matilde throws a ball to Zoé.
3. Noland gives a letter to Margaux.
4. Rafael studies his notes for his test.
5. Gaspard passes the ball to Julien.
6. Lucie sends a card to Jean.

C. 1. à la patinoire   2. au parc
3. à 15h30   4. à l'hôpital
5. au magasin   6. à 7h30
7. à 20h45   8. à l'école
9. à 8h

D. (Individual answers)

21 Le processus d'écriture
The Writing Process

A. (Individual writing)

B. (Individual writing and drawing)

C.

Ma famille

Mon mère, sophie, es très beau? Elle aimes faire
du patinage. Ma père, éric, sont drôle. Il aime le
hockey et la soccer. Ma sœur, anne, est gentilles.
Elle danseons au ballet.

D. (Individual writing)

La révision 4
Revision 4

A. 1. A   2. C
B. 1. B   2. C
C. 1. descriptif ; explicatif
2. persuasif ; explicatif
3. explicatif ; descriptif
4. descriptif ; narratif
D. A: Mme   B: Mlle
C: Mme   D: M.
E. 1. en   2. an   3. oi
4. am   5. aim   6. en
7. ain   8. en   9. en
10. an   11. ain   12. an

13. oi   14. ei   15. oi

F. 1. on   2. un   3. r
   4. en   5. on ; r   6. un ; om
   7. un ; r ; r

G. shoe ; féminin ; jewellery ; masculin
(Individual drawing)

H. 1. les dinosaures ; au musée
   2. au soccer ; à 16h45
   3. mon professeur ; à 9h15
   4. ma sœur ; chez nous

I. (Individual answers)

J. (Individual writing and drawing)

Pratique 1 : Une chanson
Practice 1: A Song

A. (Individual writing)

B. 1. Le but est pour décrire les saisons de l'année.
   2. Le sujet est les saisons de l'année.
   3. Le narrateur aime faire du ski en hiver.
   4. All is white. Ça montre que pendant l'hiver tout peut être blanc à cause de la neige.

C. 1. des fleurs ; ma mère ; ma grande sœur
   2. L'auteur aime planter des fleurs. ; Pour sa mère et sa grande sœur
   3. (Individual answer)
   4. L'image montre l'activité décrite dans le vers.

D. 1. sur et dans
   2. L'auteur aime jouer dehors parce que c'est l'été alors il fait beau.
   3. ABCB
   4. (Individual answer)

E. 1. changer ; to change
    aimer ; to like/love
    aller ; to go
   2. Parce que l'école commence en automne.
   3. L'Halloween, l'Action de grâce, et le jour du Souvenir

F. 1. ABCA ; ABCB ; ABCB ; ABCB
   2. (Colour these pairs in different colours)
    hiver ; frère
    fleurs ; sœur
    beau ; l'eau
    couleurs ; sœur
   3. (Individual writing)

Pratique 2 : Une carte postale
Practice 2: A Postcard

A. 1. Une carte postale
   2. Narratif
   3. Le voyage de l'auteur en France
   4. Pour décrire le voyage de l'auteur en France

B. 1. sept jours
   2. un biscuit
   3. délicieux ; jaune ; sucré
   4. Au sud-est

C. 1. la lavande   2. à Forcalquier
   3. juillet   4. violette et parfumée
   5. fragrant ; perfect

D. (Individual drawing and writing)

E. (Individual writing)

F. (Individual writing and drawing)

Pratique 3 : Une histoire
Practice 3: A Story

A. 1. B
   2. A
   3. Une princesse est emprisonée et un prince la sauve.
   4. Parce que l'image montre une princesse emprisonée par un dragon et un prince qui veut le battre pour sauver la princesse.

B. 1. un dragon ; une princesse ; un château ; une prisonnière ; longtemps ; gardé
   2. La princesse Hélène est prisonnière.
   3. Un dragon garde le château.

C. 1. La princesse est brave, gentille, et triste.
   2. Parce qu'elle est prisonnière.
   3. Elle rêve d'être sauvée par un prince.
   4. Un prince va arriver pour la sauver.

D. 1. le dragon ; une bataille
   2. Ils sont braves et gentils.
   3. Parce qu'il veut sauver Princesse Hélène.

E. 1. Parce qu'elle n'aime pas la violence.
   2. (Individual answer)
   3. C

F. 1. Il est touché par la bonté de la princesse.
   2. La morale est que la bonté est mieux que la violence.
   3-5. (Individual answers)

ISBN: 978-1-77149-181-5